21世纪高职高专规划教材·财经管理系列

网店运营与推广

胡泽萍　高紫荆　编著

清 华 大 学 出 版 社

北京交通大学出版社

·北京·

内容简介

本书对网店的运营和推广进行了全面、细致、深入的讲解，并分享了资深店主的成功经验。本书共11章，分别是网店开设与定位、网店商品信息维护、网店订单管理与物流渠道的建立、网店客户服务与管理、网店运营工具的运用、淘宝店铺外的推广与宣传、利用淘宝客推广产品、淘宝网常见的促销推广手段、淘宝直通车与钻石展位、有效利用供销平台、综合项目考核。

本书适合作为高职高专院校以及中等职业学校电子商务专业、市场营销专业、网络营销专业、计算机专业及其他相关专业的教材，也可作为网上开店创业者的参考用书。

图书在版编目（CIP）数据

网店运营与推广 / 胡泽萍，高紫荆编著. —北京：北京交通大学出版社：清华大学出版社，2018.8（2022.6重印）

21世纪高职高专规划教材. 财经管理系列

ISBN 978-7-5121-3705-9

Ⅰ.①网… Ⅱ.①胡… ②高… Ⅲ.①网店–运营管理–高等职业教育–教材 Ⅳ.①F713.365.2

中国版本图书馆CIP数据核字（2018）第198025号

网店运营与推广

WANGDIAN YUNYING YU TUIGUANG

策划编辑：吴嫦娥　　责任编辑：崔　明

出版发行：清 华 大 学 出 版 社　　邮编：100084　　电话：010-62776969　http://www.tup.com.cn

　　　　　北京交通大学出版社　　邮编：100044　　电话：010-51686414　http://www.bjtup.com.cn

印 刷 者：三河市华骏印务包装有限公司

经　　销：全国新华书店

开　　本：185mm×260mm　　印张：16　　字数：399千字

版　　次：2018年8月第1版　　2022年6月第3次印刷

书　　号：ISBN 978-7-5121-3705-9/F·1833

定　　价：42.00元

本书如有质量问题，请向北京交通大学出版社质监组反映。对您的意见和批评，我们表示欢迎和感谢。

投诉电话：010-51686043，51686008；传真：010-62225406；E-mail：press@bjtu.edu.cn。

前 言

在互联网日益成熟的今天，几乎每家企业的发展都离不开电子商务，这就需要大量具有电子商务专业知识的技能型人才。电子商务行业已经成为一个成熟行业，对人才的定位和需求也越来越明确，这对我们电子商务人才的培养提出了新的要求。在我国，加快电子商务人才培养的呼声越来越高，担当培养电子商务应用型人才重任的高职院校对推动我国电子商务的发展起着至关重要的作用。

近几年网络购物已经成为人们重要的购物形式，网店的数量如雨后春笋般出现，网店的运营和推广越来越受到众多企业和个人的重视，网店在岗位的设置上也趋于细分化。高等院校也积极做出了转变，按岗位细分化的"网店运营和推广"课程应运而生。但是编者在给电子商务专业的高职学生讲授这门课时没有合适的教材，现有教材过于偏重理论研究，忽略了对真实网店平台的训练操作，有的教材虽然有部分网店运营的内容，但是不够全面，对真实环境下网店的运营和推广不能起到指导作用。有的教材要么侧重网店运营的讲解，要么侧重网店推广的讲解，市面上缺少对网店完整运作过程进行讲解和训练的教材。

在这样的背景下，编者博采众长，吸收了国内最新的网店运营和推广的理论并结合高职学生人才培养目标的要求，以网店岗位技能需求为基础，编写了本书。本书以目前最热门的电子商务平台"淘宝网"作为授课的主要平台，从网店开设与定位讲起，知识全面，以开店真实案例进行讲解，内容翔实，步骤详细，讲练结合。

本书将职业场景引入课堂教学，实现"做中学，学中做"的教学思想，有针对性地解答网店运营和推广中遇到的常见问题，通过课后的技能训练全方位帮助学生提升专业技能。本书主要特色如下。

（1）内容翔实，知识全面。本书不但介绍了淘宝开店的一般流程，还详细介绍了寻找货源、物流发货、店铺运营、店铺推广等内容。

（2）结合实际，操作性强。本书结合了编者多年的实践经验，按照网店准备、注册、认证、运营和推广等操作步骤，使学生可以清晰、真实地了解并熟悉淘宝平台的操作流程；最后一章综合项目考核是根据淘宝平台网店开设中常见的问题而设计的内容，既实用又有很强的可操作性。

（3）功能介绍力求实用。本书按照2017年淘宝界面进行的教学，书中内容尽可能体现新知识、新技能的特点。

本书共分运营篇和推广篇两部分，由11章组成：网店开设与定位、网店商品信息维护、网店订单管理与物流渠道的建立、网店客户服务与管理、网店运营工具的运用、淘宝店铺外的推广与宣传、利用淘宝客推广产品、淘宝网常见的促销推广手段、淘宝直通车与钻石展位、有效利用供销平台、综合项目考核。每章由学习目标、引导案例、理论知识、技能训练和巩固与提高五部分组成，内容设计力求通过理论知识的讲解指导学生技能训练，在训练中提高学生的操作技能和职业能力。

本书在编写过程中，查阅了大量国内已出版的相关著作、教材及网站上的资料，并引入了其中的观点和案例，在此对这些文献和资料的作者一一表示感谢。再有，为了更真实客观地设计教材内容，编者利用自己经营多年的网店，反复斟酌和操作相关步骤和规则，力求为广大的读者朋友们呈现最实用、最真实的素材和范例。在本教材的编写过程中，由于作者水平有限、编写时间仓促，加之淘宝平台管理规则以及平台界面更新的时效性，书中难免存在疏漏和不妥之处，恳请广大读者批评指正。

本书编写的出发点是服务于我国高职院校电子商务专业、网络营销专业、计算机专业及其他相关专业作为教材使用，也可作为中职学校的教师、学生，以及想开淘宝网店或已有网店但不熟悉和精通营销的卖家的参考用书。

本书有配套的教学课件、习题答案、教学大纲和课外阅读资料，有需要的读者可以与1527880957@qq.com联系，或致电出版社（010-51686783）。

本书在编写过程中得到了北京交通大学出版社吴嫦娥老师、北京经济管理职业学院的王若军教授、田春霖副教授和高书文先生的大力支持，在此表示诚挚的感谢。最后，欢迎同行及读者提出宝贵建议，编者将不胜感激。意见和建议请发至817062@163.com，期待读者的反馈。

编者
2018年7月

目录

第1篇

运营篇

网店开设与定位

【学习目标】

知识目标

1. 了解不同网店平台的业务模式和特点。

2. 了解申请与开通网上店铺的方法。

3. 掌握网上开店前期要做的准备工作。

技能目标

1. 能够进行网店平台的分析和选定。

2. 能够运用有效的方法进行网店定位。

3. 能够进行网店的申请和开通。

【引导案例】

CD公司是一家经营数码产品的企业，公司之前依托线下的电子市场作为产品的主要销售渠道。随着互联网的迅猛发展，企业也在不断壮大，在今年年初企业制定了开拓电子商务平台的策略，以此拓展产品的销路，推动企业快速发展。

企业部门经理安排电子商务专业毕业的小李对公司将要开展的网上店铺业务进行前期筹备，对此，小李决定首先对企业的产品进行深入了解并提取卖点信息，之后进行网上店铺的整体筹备与策划。

问题： 如果你是小李的话，为了顺利开展网上店铺业务，需要做哪些工作？

1.1　网上开店前期准备

在网上开店之前，要明确网上开店前期要做的准备工作：一是要了解网上开店方式的特点，根据个人情况选择一种网店平台；二是要分析网上开店的硬件和软件要求。

1.1.1　网上开店方式

网上开店是一种区别于传统经营的商业模式，它是以互联网为平台，以网络资源为工具，以网民为主要消费对象的销售模式。网络销售以多种形式存在，决定了网上开店的方式也不是单一的。

1.　公共网店平台方式

所谓公共网店平台，就是专门为网上开店提供的电子商务服务平台。随着国内电子商务的蓬勃发展，许多个人及小型企业通过在商品交易平台开设店铺进行网络销售，既为产品打开了销路，也在一定程度上提升了产品及企业的形象。店铺为平台提供了丰富的货源，平台也为店铺提供了完善的信用评价，提升了销量。

目前国内提供网上开店服务的大型购物网站有上百家，但真正有一定影响力的数量不多，淘宝网（http://www.taobao.com）是其中最著名的一个。

2.　独立网店平台方式

所谓独立网店平台，就是自己建设独立网站作为网店的商务平台。建设独立的网上商店是指经营者根据自己经营的商品情况，自行或委托他人设计一个网站。独立的网上商店通常都有一个顶级域名作网址，不挂靠在大型购物网站下，完全依靠经营者通过线上或线下的宣传，吸引浏览者进入自己的网站，完成最终的销售。独立网店的类型主要有两种：个性化网上商店与自助式网上商店。独立网店平台能够最大限度地树立个性化的企业形象，由于独立操作和控制服务器资源，可更有效地保存和处理企业信息。但对操作员技术水平的要求较高，初期对服务器及网络基础建设的投入及后续维护成本都较高。目前，国内很多企业都拥有独立网店平台，如当当网（http://www.dangdang.com）、凡客诚品（http://www.vancl.com）、苏宁易购（http://www.suning.com）等。

个性化网上商店实际上就是设计一个新网站，通常包括五个方面：域名注册、空间租用、网页设计、程序开发和网站推广。因为是完全独立开发，个性化网店的风格、内容完全可以根据经营者的思路来进行设计，而不必像大型网站提供的网店那样需要受限于详细的模块。同时网店商品的上传与经营完全由经营者自己安排，除了支付网站设计与推广费用，不需要支付网上交易费、商品登录费等费用。当然，个性化的网店只有通过其他各种网站推广方式进行宣传，才可以取得浏览者的关注，实现最终的商品交易。个性化网店由于需要独立证实卖家的信用，往往无法立刻取得浏览者的信任。

自助式网上商店主要是采用自助式网站框架建立自己的网店，同样也是一种独立的网上商店，只是较个性化网店而言，自助式网店内容模块化，只能在既定的模式内选取。开发自助式网上商店成本较低，但网站的应用功能不多，网店的风格无法达到个性化网店的标准。

1.1.2　网上开店的经营方式

网上开店应该根据个人的实际情况，选择一种适合自己的经营方式。网上开店的经营方式主要有以下三种。

（1）网店与实体店相结合的经营方式。此种网店因为有线下店铺的支持，在商品的价位、销售的技巧方面都更胜一筹，也容易取得客户的认可与信任。

（2）全职经营网店。经营者将全部的精力都投入到网站的经营上，将网店作为自己的全部工作，将网店的收入作为个人收入的主要来源。

（3）兼职经营网店。经营者将经营网店作为自己的副业，比如现在许多在校学生利用课余时间经营网店。也有一些职场人员利用工作的便利开设网店，增加收入。

1.1.3　网上开店前的准备工作

网上开店前的准备工作是重要环节，不能草率。首先，资金方面要有所准备。网上开店虽然投入少，但起码应该备足货款。其次，网上创业需要一些最起码的设备，用来建立网上店铺和平常的维护工作。一是可以上网的电脑。电脑是网上创业者的"吃饭工具"，要确保器材的质量。二是数码相机。网站货物上"货架"之前，一般都需要进行拍照并上传照片到店铺里，照片能使买家直观地感受和了解商品。三是手机等通信工具，最好随时开通，以便买家或供货商随时与自己联络。四是心理上的准备。做生意总有过渡期和盈亏，虽然网上开店所需资金相对较少，能及时掉头，不会造成太大亏损，但良好的心理素质还是不可或缺的。

不同的网上开店方式与不同的经营规模需要投入的设备都是不一样的。如果在淘宝平台开店的话，开店需要投入的设备要少得多，仅有一些非常简单的硬件设施上的要求。所需硬件通常包括可以上网的电脑、扫描仪、打印机、数码相机、联系电话等，不一定非要全部配置，但是尽量配齐，方便经营。

软件方面需要熟练使用以下几款。

（1）阿里旺旺卖家版。可在网上（如百度、360软件管家等）下载，这个软件是淘宝及阿里巴巴认可的买卖双方的沟通工具，用于双方在售前、售中、售后进行交流。一旦发生交易摩擦，淘宝小二会以旺旺聊天工具作为凭证，以判断是非对错，第三方聊天工具如QQ则不能作为有效凭证，这一点要注意。

（2）Dreamweaver软件。这是一款网页设计软件，淘宝卖家可以用它来设计精美的网页，使网店更具特色。

（3）Photoshop软件。主要用于数码相机拍照后的照片处理、合成及网店版头设计，是开网店必须要掌握的平面处理软件。

【技能训练】

活动：考察不同的网上开店方式。

活动情景：一家中小型服装企业拟在网上开店，应选择何种网上开店方式？

活动目的：了解不同网上开店方式的特点。

活动分组：学生3～5人一组，设组长1名。

活动器材：联网的计算机。

活动内容：

（1）在线浏览具有独立网店平台的服装网店VANCL凡客诚品。

（2）在线浏览淘宝网公共网店平台上开设的服装类网店。

（3）通过浏览分析比较，讨论独立网店平台开店和公共网店平台开店两种方式的不同点和应用条件，并说明中小型服装企业应该选择何种网上开店方式。

1.2　网店定位分析

网店定位，是进行网上开店的第一要务。对网店进行市场定位，就是寻找网店差异化的过程，也是一个网店在市场中积极寻找自我位置的过程，它确定了网店所要面向的用户群体，确定了网店的风格以及后续的价格和运营策略等。

网店业务定位可以分为三步：目标客户定位、销售产品定位和商品价格定位。

1.2.1 目标客户定位——卖给谁

1. 确定产品的目标用户群体

目标用户群体的确定，是市场定位的第一步，它确定了网店所面向的主要客户的年龄范围、收入情况、兴趣爱好、价值主张等。与此同时，网店也可以根据客户的相关数据，实施相关的产品策略、价格策略和运营策略等。例如，要开一个珠宝饰品店，就要考虑到这个行业针对的目标客户群体有两大类：一类是高端客户，另一类是中低端客户。高端的客户以中年女性居多，因为高端珠宝价格很高，青年女性的购买力不足，所以要针对中年女性这个群体来选款和营销，不能单纯认为珠宝是女性化的东西，就只针对青年女性营销，那样收效会很小。

2. 竞争对手调研分析

竞争对手的调研分析，对网店的市场定位有一定的指导意义。通过浏览竞争对手的店铺、查看网上竞争者的历史交易记录等来分析竞争者，确定其商品组成、价格、销售额等，然后将自己的网店与竞争对手进行综合比较分析，可以为前期定位和后期运营提供大量有效数据。

3. 自我优势分析

自我优势的分析，就是通过竞争对手来重新认识自我。因为一个商品通常是多个因素的综合反映，包括性能、构造、成分、包装、形状、质量、品牌、售后服务、价值主张等。只有通过分析、比较，才能确定自我优势，从而在后期推广和运营的时候，将其作为主要的卖点进行宣传，区别于竞争者。

4. 确定网店定位

完成调研和自我分析后，要综合所有分析和各方面调研的结论，为网店确定一个最终的市场定位。当然，同样的调研分析数据，在具体实施中，因为企业注重的方式不同会有很多种展现形式。

1.2.2 销售产品定位——卖什么

要在网上交易首先要分析网络销售的商品，并非所有商品都适合在网上销售。分析网上销售产品的特性，了解网上销售的产品类别，并且要清楚哪些商品是国家禁止在网上销售的。

1. 网上销售产品的特性

一般而言，目前适合在互联网上销售的产品通常具有以下特性。

（1）产品形式。通过互联网可以销售任何形式的产品，但最适合网上营销的产品是那些易于数字化、信息化的产品，如音乐、电子图书、信息软件、信息服务、远程教育等。经营这类商品，商家投资小，消费者只需按几下鼠标就可以完成全部购物过程，购买方便，商品可以直接通过网络实现配送。

（2）产品性质。一般属于质量差异不大的同质产品或非选购品。网络的虚拟性是消费者在购买之前会进行较充分的挑选与评估比较。因此，适合在网上销售的产品一般属于质量差异不大的同质产品或非选购品，根据从网上获得的信息就能确定和评价产品质量，如书籍、计算机、手机等。

（3）产品品牌。一般是那些名牌企业的产品或名牌产品。名牌企业的产品，或知名网站经销的产品或名牌产品，可能属于质量差异比较大的异质产品，但这些企业或产品，已经被众多消费者的购物实践证明是货真价实、质量可靠的，消费者在购物过程中只是认牌购物，不必再花费太多的精力和时间去比较选择。

（4）产品价格。一般要有低价优势。互联网的发展初期采用共享和免费策略，网上用户比较认同网上产品价格低廉的特性。

（5）垄断性。产品最好具有不可替代的垄断性。网上营销企业一般应选择那些替代性不大的，具有较强垄断性的产品经营，或者选择那些不太容易在线下设店经营的特殊品。如果经营那些消费者随处可得或极易替代的产品，则很难形成网络营销优势。

（6）目标市场。网上市场是以网络用户为主要目标的市场，在网上销售的产品要适合覆盖广大的地理范围。如果产品的目标市场比较狭窄，可以采用传统营销策略。

上述网上销售产品的特点其实是由于网络的限制，使得只有部分产品适合在网上销售，随着网络技术的发展和其他科学技术的发展，将会有越来越多的产品适合在网上销售。

2. 网上销售产品的类别

在网络上销售的产品，按照产品性质的不同，可以分为两大类：实体产品和虚拟产品。

1）实体产品

将网上销售的产品分为实体和虚拟两大类，主要是根据产品的形态来区分的。实体产品是指有具体物理形状的有形产品。在网络上销售实体产品的过程与传统的购物方式有所不同。在这里没有传统的、面对面的买卖方式，网络上的交互式交流成为买卖双方交流的主要形式。客户通过卖方的主页考察其产品，通过填写订单确定产品的品种、价格、数量等；而卖方则将面对面的交货改为邮寄产品或送货上门，这一点与邮购产品颇为相似。因此，网络销售也是直销方式的一种。

2）虚拟产品

虚拟产品与实体产品的本质区别是虚拟产品一般是无形的，即使表现出一定形态也是通过其载体体现出来的，但产品本身的性质和性能必须通过其他方式才能表现出来。在网络上销售的虚拟产品可以分为两大类：软件和服务。软件包括计算机系统软件和应用软件。网上软件销售商可以提供一段时间的试用期，允许用户尝试使用并提出意见。

服务一般可以分为普通服务和信息咨询服务两大类。普通服务包括远程医疗、法律救助、航空火车订票、入场券预订、旅游酒店服务预约、医院预约挂号、网络交友、电脑游戏等。对于普通服务来说，客户不仅注重能够得到的收益，还关心自身付出的成本。通过网络这种媒体，客户能够尽快得到所需要的服务，免除了排队等候的时间成本。同时，客户利用浏览软件，能够更快地得到更多的信息，提高了信息传递效率。

信息咨询服务包括法律咨询、医药咨询、股市行情分析、金融咨询、电子新闻、电子报刊等。对于信息咨询服务来说，网络是一种最好的媒体选择。用户上网的最大诉求就是寻找对自己有用的信息，信息服务正好提供了满足这种需求的机会。

3. 禁止在网上销售的商品

除了要分析哪些商品适合网上销售以外，也要注意遵守国家法律法规，不要销售以下商品。

（1）法律法规禁止或限制销售的商品，如武器弹药、管制工具、文物、淫秽品、毒品。

（2）假冒伪劣商品。

（3）其他不适合网上销售的商品，如医疗器械、股票、债券和抵押品、偷盗品、走私品或者其他非法来源获得的商品。

（4）用户不具有所有权或支配权的商品。

1.2.3 商品价格定位——怎么卖

分析商品价格定位时需要考虑两个问题，一是定价需要考虑的因素；二是商品定价的常用方法。

1. 商品定价需要考虑的因素

1）市场竞争情况

为商品定价时应该考虑市场上其他同类商品是如何定价的，再仔细权衡，从而为自己的商品定价。商品诱惑力的高低，直接决定着客户购买的意愿和数量。如果商品具有一定的吸引力，此商品的销售数量会大大增加；如果商品没有吸引力，那么不论如何促销、降价，都很难销售出去。

2）市场的性质

考虑买家的消费习惯，一旦买家习惯了一种品牌的东西，就会形成一种购买习惯，不易改变。考虑销售市场的大小，销售一种商品时，要准确确定自己的客户群，要了解由这种客户群构成的市场走向。

3）销售策略

制定商品销售策略，要根据商品性质、企业形象以及店铺的特性，如销售品质优良的名牌产品，则需要定高价，人们才会觉得物有所值。一些流行性十分强的商品也需要定高价，因为一旦流行期过后，就会降价。如果销售过时的商品则需要定低价，才会使商品顺利打开销路。

4）商品形象

一些历史悠久、商品品质优良、服务周到的品牌店铺已经创出了名号，奠定了根基，买家在逢年过节要买礼品送人时，一定会想到它，因此可以定价稍高。

2. 商品定价的常用方法

定价方法直接影响客户的购买意向，奇特的定价方法会给客户带来心理刺激。不同的定价方法对客户产生的心理影响也不相同。一般来说，有以下5种定价方法。

1）批量购买引导定价法

批量购买定价法是根据客户购买量的差异来制定不同的价格，随着客户购买量的增加，单位商品的价格在不断降低。

2）成本加成定价法

成本加成定价法又称毛利率定价法、加额法或标高定价法。这是多数商家经常采用的一种定价方法，这种定价法的优点是计算方便。在正常的情况下，即在市场环境诸多因素趋于稳定的情况下，运用这种方法能够保证商家获取正常利润。同时，同类商品在各商店的成本和加成率都比较接近，定价不会相差太大，相互间的竞争不会太激烈。此外，这种方法容易给客户带来一种公平合理的感觉，很容易被客户接受。

3）习惯定价法

这是指由市场上已经形成的习惯来定价的方法。市场上有许多商品，销售时间已久，形成了一种定价的习惯。定价太低，客户会对商品的品质产生怀疑，也不利于销售。这种方法对稳定市场不无好处。如日用品，由于客户时常购买，形成了一种习惯价格，即客户很容易按此价格购买，其价格众所周知。这类商品销售时应遵守习惯定价，价格不能轻易变动，否则客户会产生心理不满。如果原材料涨价，需要提价时，要特别谨慎，可以通过适当减少分量等方法来解决。

4）"特价品"定价法

商家将少量商品价格降低，以此招徕客户，增加对其他商品连带式的购买，以便达到销售的目的。可将那些多数家庭需要的商品做成"特价品"销售，而且市场价格要为广大客户熟悉。这样才能让客户知道这种商品的价格要比一般市场价格低，从而招徕更多的客户。

5）安全定价

安全定价是一种很稳妥的定价策略。采用安全定价的商品定价适中，可以减少市场风险，能够在一定时期内将投资收回，并有适当的利润。客户有能力购买，经营者也方便销售。

网店在经营的过程中要多关注做得较好的同行，要随时观察他们，关注其产品价格、新品发布以及促销活动，随时根据同行们的价格做出调整以获取价格优势。

【开店小窍门】　　　　　数字定价技巧

商品定价必须懂"数字"，不会计算的人不会富。下面介绍几种数字定价方法。

（1）非整数法：就是把商品零售价格定成带有零头结尾的做法，这种方法能够激发客户良好的心理呼应，获得明显的经营效果。如一件本来值10元的商品，定价9.8元，肯定能激发客户的购买欲望。

（2）整数法：对于高档商品和耐用商品等宜采用整数定价策略，给买家一种"一分钱，一分货"的感觉，以树立品牌形象。

（3）定价时用小单位，会让买家感觉商品价格比较便宜，如茶叶每500克100元定成每50克10元。或用较小单位商品的价格进行比较，如"使用这种电冰箱每天只耗半度电，才两毛钱！"

【技能训练】

活动：分析某网上店铺的客户、产品和价格定位。

活动情景：拟合伙开办网上服装商店，是卖儿童服装好，还是卖时尚服装好？

活动目的：学会网店业务定位分析。

活动分组：学生3~5人一组，设组长1名。

活动器材：联网的计算机。

活动内容：

（1）查阅中国互联网络信息中心（CNNIC）最新发布的《中国互联网络发展状况统

计报告》，分析目前我国互联网的应用现状和网购行为特征。

（2）在线浏览淘宝平台上的服装商店，分析其商品是如何定价的。

（3）分析儿童服装和时尚服装的客户群体特点和购买行为特征。

（4）每个小组讨论并完成网上时装店业务定位分析报告。

（5）各小组组长汇报网上时装店业务定位的分析结果。

1.3　店铺的注册

完成了网店定位并确定了销售产品类别及平台之后，接下来的任务就是注册成为电子商务平台会员。

1.3.1　网店注册

1. 个人网店注册

各个电子商务平台虽略有不同，但网上开店操作其实很简单。下面以淘宝网注册为例，主要需要以下几个步骤。

1）申请开通网上银行

在网上开店，绝大部分的交易都在网络上进行，所以首先要开通银行卡的网上支付功能。

目前国内银行的网上业务，优点各不相同，但是开通流程基本都是一样的，只需持个人身份证到柜台向银行申请开通网上银行及电子支付功能即可。

2）注册免费邮箱

目前提供免费邮箱服务的网站很多，如网易163邮箱、网易126邮箱、新浪邮箱、QQ邮箱等。具体的注册方法很简单，只需打开邮箱的官方首页，然后单击"免费注册邮箱"链接，根据提示输入相关信息即可。

3）注册淘宝账号

申请淘宝账号的具体操作方法如下。

（1）打开http://www.taobao.com网址进入淘宝官方页面，单击页面左上角的"免费注册"链接，单击"同意协议"，如图1-1、图1-2所示。

（2）输入要申请的淘宝用户名，可填写手机号作为用户名，输入验证码，按要求可填写账号信息，最后提交即可注册成功，如图1-3所示。

图1-1 单击"免费注册"

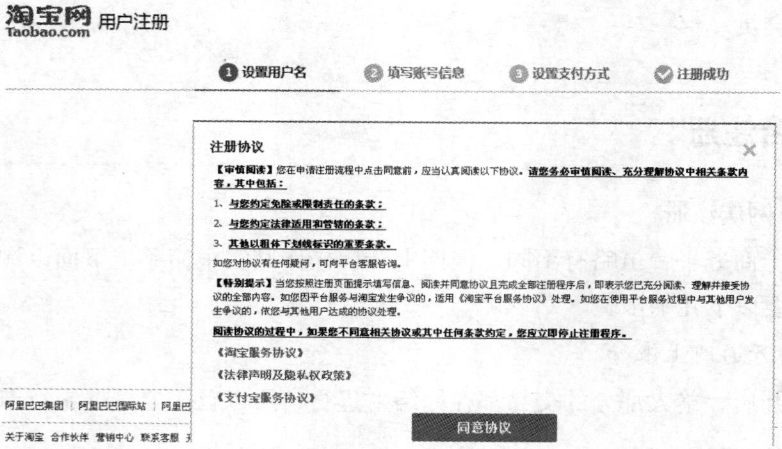

图1-2 单击"同意协议"

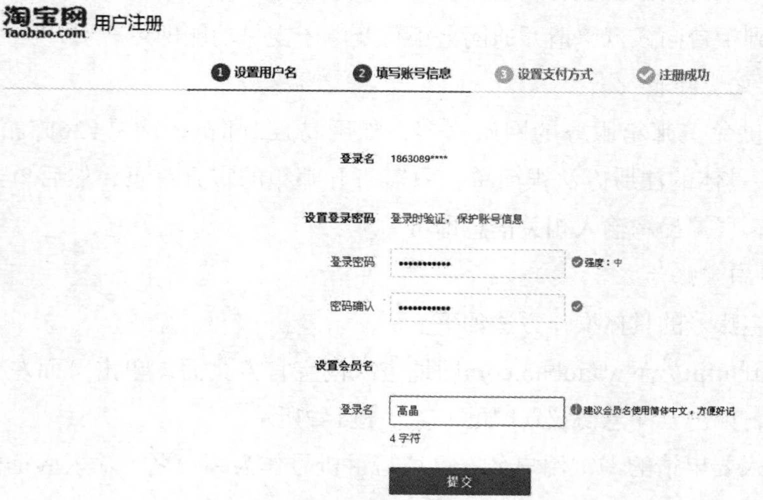

图1-3 填写账号信息

4）免费开店

正式开店主要步骤有选择开店类型、阅读开店须知、申请开店认证（包括支付宝实名认证和淘宝开店认证）。

（1）进入我的淘宝页面，单击"卖家中心"—"免费开店"，如图1-4所示。

图1-4　进入"卖家中心"

（2）选择开店类型，单击"创建个人店铺"，如图1-5所示。

图1-5　创建个人店铺

（3）阅读开店须知，单击"我已了解"，申请开店认证，如图1-6所示。

图1-6 申请开店认证

（4）在支付宝实名认证一栏单击"立即认证"，如图1-7所示。

图1-7 支付宝实名认证

（5）设置身份信息，单击"确定"，如图1-8所示。

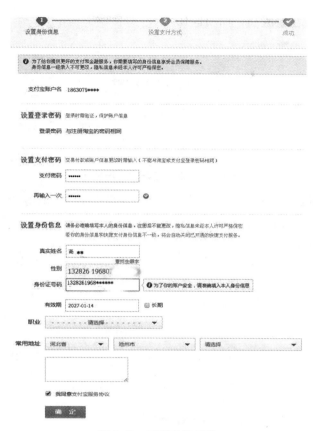

图1-8　设置身份信息

（6）设置身份信息后，设置支付方式，通过手机获取校验码，单击"同意协议并确定"，如图1-9所示。

图1-9　设置支付方式

（7）支付宝账户注册成功，如图1-10所示。

图1-10　支付宝账户注册成功

（8）返回我的淘宝，单击"卖家中心"–"免费开店"，单击"支付宝身份信息认证"，验证身份信息，如图1-11所示。

图1-11　验证身份信息

（9）上传本人身份证正反面，单击"确认提交"，如图1-12所示。

图1-12　上传身份证

（10）证件审核需要至少24小时，如图1–13所示。

图1-13　证件审核

（11）审核通过后，通过扫码，在手机上完成人脸校验，如图1–14所示。

图1-14　人脸校验

（12）如果人脸验证失败，可以使用另外一张银行卡验证，如图1–15所示。

图1-15　银行卡验证

（13）接下来是淘宝开店认证，返回卖家中心，单击淘宝开店认证栏的"立即认证"，如图1-16所示。

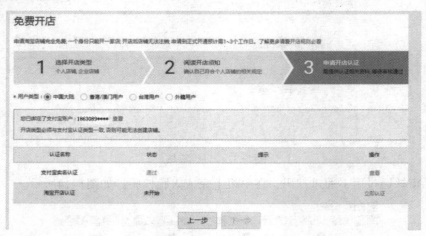

图1-16　淘宝开店认证

（14）按照如图1-17所示提示的步骤，扫码后在手机上安装钱盾。

图1-17　扫描安装钱盾

（15）在手机上安装钱盾，然后点击钱盾客户端首页右上角的　，如图1-18所示。

图1-18　进入钱盾首页

（16）分别验证手机号、填写联系地址，淘宝开店认证成功，如图1-19所示。

图1-19　淘宝开店认证成功

2. 企业网店注册

除了完成以上基本信息以外，注册时还需要以法人名义申请，需填写企业基本信息、上传营业执照、填写对公银行账户信息、上传法人证件图片等，在电子商务平台审核成功后，需要用银行卡给企业的对公银行打款，最后填写对公账户收到的汇入金额即可。

申请企业网店步骤如下。

（1）打开 http://www.taobao.com，登录我的淘宝账户，单击"创建企业店铺"，如图1-20所示。

图1-20 登录淘宝账户

（2）单击"创建企业店铺"。

淘宝企业店铺申请材料有：

①单位营业执照彩色扫描件或数码照片；

②组织机构代码证彩色扫描件或数码照片；

③对公银行账户；

④法定代表人的身份证彩色扫描件或数码照片；

⑤代理人的身份证彩色扫描件或数码照片；

⑥企业委托书。

（3）填写企业基本信息和法人信息；核实填写信息无误后，单击"确定"。

（4）上传营业执照图片和法人证件图片，填写对公银行账户信息，如图1-21所示。

图1-21　填写对公银行账户信息

（5）银行卡填写成功，等待人工审核。（提示：须等待人工审核成功后给对公账户开始汇款；若审核不成功，无法汇款。）

（6）人工审核成功后，等待银行卡给公司的对公银行账户打款。

（7）填写汇款金额，认证成功，如图1-22所示。

图1-22　认证成功

1.3.2 店铺的基本设置

登录淘宝，打开"我的淘宝"—"卖家中心"—"店铺管理"—"店铺基本设置"，在打开的页面中可以修改店铺名和店铺简介。在"店铺标志"区域单击"浏览"按钮，选择已经设计好的店标图片，如图1-23所示。

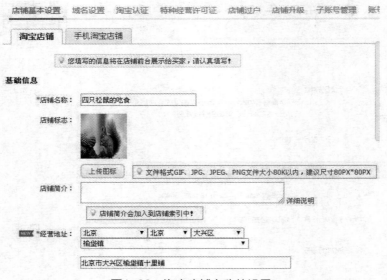

图1-23　淘宝店铺名称的设置

1. 店铺名称的确定

网店力图通过最简单的文字内容向用户传达店铺的服务类别和宗旨，因此网店名称应力求简洁。店铺名称不仅是一家店的代号，更是其外观形象的重要组成部分。从一定程度上讲，好的店铺名称能迅速把店铺的经营理念传递给客户，增强感染力，带来更多的财源。

企业在确定网店名称时，更多的是想通过店铺名称让客户了解企业销售产品的类目，引导其关注企业官方网站。因此在结合营销与店铺特性的情况下，企业的经营理念应作为店铺名称的首要考虑因素，因为经营理念代表企业的特点，具有广泛的传播价值。同时网店名称要与官网的名称形成呼应，这样有助于品牌的推广和营销。

2. 店铺名称的文字设计

在店铺名称确定之后，接下来针对淘宝店铺而言，需要对店铺名称的文字进行设计。店铺名称与人的名字一样，虽然只是一个符号，但由于它的字形、意义、笔画数、字体等不同，会对营销产生一种不可言说的影响，这种影响有时可以决定一个店铺的兴衰。

好的店铺名称能给人留下深刻而美好的第一印象。因此，凡是有远见的开店者，总是费尽心思给店铺设计一个响亮、吉祥、能让人记住的名称。店铺名称的文字设计越来越被经营者重视，一些以标语口号、隶属关系和数字组合而成的艺术化、立体化和广告化的店铺名称不断涌现。但在店铺名称文字设计中应注意以下几点。

（1）美术字和书写字要注意大众化，中文和外文美术字的变形不要太花、太乱、太做作，书写字不要太潦草，否则不易辨认。

（2）文字内容必须与店铺销售的商品吻合。

（3）文字尽可能精简，内容立意要深，还要顺口，易认易记，使客户一目了然。

（4）店名的字形、大小、色彩和位置上的考虑应有助于店招的正常使用。

3. 店铺简介

店铺简介会加入到店铺索引中，2012年之前的店铺搜索结果页，卖家可以自我展示的空间比较局限，2013年1月后台编辑上线，前端展现以下几个方面的内容。

（1）掌柜签名：指的是店铺的签名或者店铺梦想展示。例如，你的私人魔衣柜。

注：店铺宣言可以很好地表达自己的个性化，切记不要太过夸大，以免起反作用。

（2）主营宝贝：指的是店铺卖的主要宝贝的类型、风格等，比如民族范的羽绒服配饰等。

注意：主营宝贝尽量填写店铺所卖宝贝类型、适合人群及风格等，语言需要真实、客观，也是区分于其他店铺的一种方式。由于能够展示的字数有限，切勿堆砌无用的词，建议尽量把最能表达店铺定位的主营宝贝展示给买家。

（3）店铺动态：指的是店铺最近的促销信息，比如全场包邮、五折等。

注意：店铺动态需要最及时的促销信息、新款上架信息，并且需要真实、客观。如果信息虚假，不仅达不到展示的目的，还会失去买家的信任，得不偿失。

例如：有一家店，没有掌柜签名和店铺动态，主营宝贝是运动鞋和运动袜，那么，店铺简介的内容可以这样填写："【掌柜签名】/【店铺动态】/【主营宝贝】运动鞋和运动袜/"。如图1-24所示。

图1-24　店铺简介的设置页面

【开店小窍门】 　　　　　店铺名称选择技巧

要想取个好店名，可以考虑以下几点。

（1）明确自己的店铺定位。这包括店铺是卖什么的？卖给谁？潜在目标对象在哪里？如何吸引他们？可以参考同行做得比较好的店名寻找答案。

（2）从经营者的角度。从经营者的角度起名，最常用的就是以自己的名字作为店铺的名称，如"王麻子剪刀店"。

（3）从客户角度起名。从客户角度起名已经成为众多店家首选的起名思路，要求取名应符合客户的需要，使客户产生好感，得到某种心理满足，如"环保家居""好便宜女装店"等。

（4）从产品和服务的角度起名。常用的方法是突出店铺产品的特性。如果店铺经营类别和产品比较明确，就可以在店名中直接体现，如"李宁专卖""骆驼专卖店"等；如果店铺经营产品比较杂、综合性强，就起一个比较抽象的，如"柠檬绿茶"。

（5）从产地角度起名通常用于那些经营土特产的商店，或者是经营某种具有独特风味的食品店等，如"和田大枣旗舰店""四川腊肉旗舰店"。

（6）从文化角度起名。如果能注入特定的文化成分，使其具有一定的文化内涵就更好了。如"荣宝斋""瑞蚨祥""同仁堂"这些名字都充分体现了中国传统文化的特点。

【技能训练】

活动：淘宝网店铺申请。

活动目的：了解淘宝网店铺申请流程。

活动器材：联网的计算机。

活动内容：

（1）申请免费开店。

（2）登录淘宝网，进入卖家中心，单击"我的淘宝"链接，单击宝贝管理中"发布宝贝"。

（3）选择所销售宝贝的类目，单击"确认"，填写想要发布的商品信息，单击"发布"。

巩固 与 提高

一、单选题

1. C2C这种电子商务模式的产生以（　　）为标志。

    A．1999年易趣成立　　　　　　　　B．腾讯拍拍网2005年9月12日上线发布

    C．淘宝网2003年5月10日问世　　　D．京东商城 1998年6月18日成立

2. 属于C2C这种电子商务模式的网站是（　　）。

    A．京东商城　　　　　　　　　　　B．易趣

    C．当当网　　　　　　　　　　　　D．淘宝网

3. 网上开店与网下开店相结合的经营方式，主要指经营者（　　）。

    A．只有网店　　　　　　　　　　　B．既有网店又有实体店

    C．只有实体店　　　　　　　　　　D．既无网店又无实体店

4. 高职院校学生要在网上开店，比较适合采用（　　）的经营方式。

    A．全职经营网店　　　　　　　　　B．网上开店与网下开店相结合

    C．网上代理加盟　　　　　　　　　D．兼职经营网店

5. 网上开店最基本的硬件条件不包括（　　）。

    A．电脑一台（可以上网）　　　　　B．手机一部

    C．数码相机一台　　　　　　　　　D．在当地工商部门注册

6. 下列电子商务业务模式属于淘宝网店经营的是（　　）。

    A．B2B　　　　　　　　　　　　　B．B2C

    C．C2C　　　　　　　　　　　　　D．C2B

7. 广义地讲，买主和卖主之间的在线资金交换被称为（　　）。

    A．电子结算　　　　　　　　　　　B．支票结算

    C．现金结算　　　　　　　　　　　D．信用卡结算

8. 目前，一直困扰电子支付发展的关键性问题是（　　）。

    A．安全性　　　　　　　　　　　　B．便捷性

    C．效率　　　　　　　　　　　　　D．经济性

9. 网上零售是典型的电子商务在（　　）的应用。

    A．企业—企业　　　　　　　　　　B．企业—客户

    C．企业—政府　　　　　　　　　　D．客户—政府

10. 当前企业参与电子商务活动的首要原因是（　　）。

    A．降低交易成本　　　　　　　　　B．判断产品交易机会

　　C．考虑产品的市场份额和品牌知名度　　D．比较采购量和供应量

二、简答题

1．简述B2B、B2C、C2C、O2O的含义。

2．网上商店的优势和缺陷是什么？

3．网店业务定位有哪些步骤？

4．写出网上开店的基本流程。

第 2 章 网店商品信息维护

【学习目标】

知识目标

1. 掌握用文字和图片来描述各类商品的特性。
2. 熟悉商品信息的发布流程。
3. 了解商品信息更新的策略和方法。
4. 了解淘宝网商品上下架时间。

技能目标

1. 能够用文字和图片描述商品的属性。
2. 能够熟练地在淘宝店铺进行商品的发布。
3. 能够运用商品上下架技巧管理商品。

【引导案例】

小王是一个大学应届毕业生，在各类校园招聘会拼搏了几个月后，终于在一家电子商务公司找到了满意的工作。部门经理安排小王对公司将要举行的店铺促销活动进行信息维护。小王决定先对店铺的商品进行深入了解、提取卖点信息，再进行店铺的整体改进。

问题：如果你是小王，应该在商品信息维护方面做哪些工作？

2.1 网店商品信息采集

在网上购物时，影响买家是否购买的一个重要因素是商品描述，很多卖家会花费大量的心思在商品描述上，可以用文字和图片来描述各类商品的特性。

2.1.1 商品描述

商品描述是真正展示商品的地方，买家主要也是通过商品描述了解商品的。但事实上许多卖家的商品描述非常简单，往往几十个字就没了。商品描述得越详细越有助于促进交易的成功。

在编写商品描述文案时应注意以下几个方面。

（1）要向供货商索要详细的商品信息。商品图片不能反映的信息包括材料、产地、商品的性能、售后服务、生产厂家等。相对于同类产品有优势和特色的信息一定要详细地描述出来，这本身也是产品的卖点。

（2）产品的基本属性描述，如品牌、包装、规格、型号、重量、尺寸、产地等这些都描述出来，会让买家更觉得关怀备至，从情感上抓住客户的心。看完宝贝描述后，让买家与宝贝描述中的图片和文字产生共鸣，如图2-1所示产品的基本属性描述。

产品参数：

品牌: SminG/尚铭电器	型号: SM-750	安装方式: 一体式免安装
导轨类型: 直导轨	手臂按摩方式: 内置手臂气囊	是否智能操控: 是
机芯类型: 3D机械手按摩	物流配送安装服务: 送货上门无需安装	肩部按摩方式: 免安装肩部按摩
脚底按摩方式: 滚轮式按摩	臀部按摩方式: 气囊夹臀按摩	颜色分类: 蓝绿色 咖啡色 棕色 黑色
按摩手法: 揉捏 指压 推拿 叩击 拍打 拉伸	适用部位: 头部 颈部 背部 腰部 臀部 腿	功能: 局部热疗 按摩强度调节 收纳式局
气囊个数: 81个(含)-100个(含)		

图2-1 基本属性描述

（3）为了直观性，商品描述应该使用文字+图像+表格3种形式结合来描述，这样买家看起来会更加直观，增加了购买的可能性。

（4）参考同行网店，看看皇冠店的商品描述是怎么写的，特别要重视同行中做得好的网店。

（5）在商品描述中也可以添加相关推荐商品，如本店热销商品、特价商品等。即使客户对当前所浏览的商品不满意，在看到商家销售的其他商品后，也许就会产生购买的欲望。另外，即使已经决定购买现在所浏览的商品，在浏览其他搭配商品的同时，也会产生再购买的打算。这样可以让买家更多地接触店铺的商品，增加商品的宣传力度。图2-2所示在商品描述中添加其他相关推荐商品。

图2-2　商品描述中添加推荐商品

（6）留意生活，挖掘与宝贝相关的生活故事。严格来说，这不属于商品描述信息的范畴，但是一个与宝贝相关的感人故事更加容易打动客户。

（7）在商品描述中注意售后服务和规避纠纷。在商品描述里添加了售后服务和退换货的一些注意事项，既消除了买家的担忧，也为了以后发生纠纷时可以有理有据。

（8）展示相关证书与证明。如果是功能性商品，需要展示能够证明自己技术实力的资料，如能够证明不是虚假广告的文件，或者如实展示人们所关心的商品制作过程，这些都是提高可信度的方法。如果电视、报纸等新闻媒体曾有所报道，那么收集这些资料展示给客户也是一种很好的方法。

2.1.2　商品标题

大部分买家都是通过搜索找到并购买他们需要的商品，因此做好商品标题优化是网店推广、增加流量的重中之重。

1. 商品标题的结构和组合方式

为了尽可能多地增加被搜索到的概率，需要一个好的商品标题。这个标题不仅要能吸引人，还要让买家对商品的特性一目了然，还能利于关键词搜索。

一个完整的商品标题应该包括以下三个部分。第一部分是由"商品名称"组成的，这部分要让客户一眼就能够明白这是什么东西。第二部分是由一些"感官词"组成的，"感官词"在很大程度上可以增加买家打开宝贝链接的兴趣。第三部分是由"优化词"组成的，可以使用与产品相关的优化词来增加宝贝被搜索到的概率。

如"热销万件2017冬季新款男士短款鸭绒外套正品羽绒服"，这个标题会让客户产生对该产品的信赖感。"鸭绒外套""男士""羽绒服"这3个词是优化词，它能够使潜在客户更容易找到宝贝。在商品标题中，"感官词"和"优化词"是增加搜索量和单击量的重要组成部分，但也不是必须出现的，但是"商品名称"必须要描述出来。

当然，商品标题也不是随便什么文字都可以填的，必须严格遵守淘宝的规则，否则很容易遭到处罚。比如，商品标题需要和商品本身一致，不能干扰搜索。商品标题中出现的所有文字描述都要客观真实，不得在商品标题中使用虚假的宣传信息。

一般商品标题主要有下面几种组合方式：

（1）品牌、型号+商品名称；

（2）促销、特性、形容词+商品名称；

（3）地域特点+品牌+商品名称；

（4）店铺名称+品牌、型号+商品名称；

（5）品牌、型号+促销、特性、形容词+商品名称；

（6）店铺名称+地域特点+商品名称；

（7）品牌+促销、特性、形容词+商品名称；

（8）信用级别、好评率+店铺名称+促销、特性、形容词+商品名称。

这些组合不管如何变化，商品名称这一项一定是其中的一个组成部分。因为在搜索时首先会使用到的就是商品名称关键字，在这个基础上再增加其他的关键字，可以使商品在搜索时得到更多的入选机会。至于选择什么的组合，需要分析市场，根据商品竞争激烈程度和目标消费群体的搜索习惯来最终确定，以找到最合适的组合方式。

2. 在标题中突出卖点的技巧

在网店经营中，如何能够吸引买家单击商品是一个比较重要的问题，这和商品标题的编写有密切联系。如果商品标题吸引人，那么单击的次数就会多，单击次数多，那么浏览页面的次数也就比较多，必然就会提高购买的概率。

商品标题编写时最重要的就是要把商品最核心的卖点用精练的语言表达出来。可以列出四五个卖点，然后选择其中最重要的3个，融入到商品标题中。下面是在商品标题中突出卖点的一些技巧。

1）标题应清晰、准确

商品标题不能让人产生误解，应该准确且清晰，让买家能够在一扫而过的时间内轻松读懂。

2）标题的充分利用

淘宝规定宝贝的标题最长不能超过60字节，也就是30个汉字。在组合理想的情况下，包含越多的关键字，宝贝被搜索到的概率就越大。

3）价格信号

价格是每个买家关注的内容之一，也是最能直接刺激买家，形成购买行为的因素。所以如果店里的宝贝具备一定的价格优势，或是正在进行优惠促销活动，标题内可增加如"特价""清仓特卖""仅售××元""包邮""买一赠一"等简短有力的词。

4）进货渠道

如果店铺的商品是厂家直供或从国外直接购进的，可在标题中加以注明，以突出商品的独特性，如图2-3所示。

图2-3　带有进货渠道的标题

5）售后服务

由于在网上不能面对面交易，不能看到实物，许多买家对于某些宝贝不愿意选择网上购物。因此，如果能提供有特色的售后服务，可在标题中注明，如"无条件换货""全国联保"等。

6）店铺高信誉度记录

如果店铺的信誉度较高，如皇冠、金冠级等，可以在商品标题中注明网店的信誉度，可以增强买家与卖家的信心，如图2-4所示。

图2-4　带有信誉度的标题

7）卖品超高的成交记录

如果网店中某件商品销量在一段时间内较高，可以在标题中注明"月销上千""明星推荐"等文字，善于用这些能够调动人情绪的词语，对店铺的生意是很有帮助的。这样会令买家在有购买意向时，极大降低对此商品的后顾之忧，如图2-5所示。

图2-5　带有成交记录的标题

8）使用特殊符号

为了让标题与众不同，可以在商品标题中插入特殊符号，以起到强调作用。

9）使用分割以利于阅读

如果30个字的标题一点都不分割会使整个标题看上去一团模糊。比如"全场包邮2017秋冬新款冬裙羊绒毛呢加厚短裙半身裙包臀裙子"，这么多字没有一个标点符号，完全不分割，虽然有利于增加被搜索到的概率，但是会让买家看得很辛苦，甚至厌烦，所以少量而必要的断句是应该的。最好使用空格符号或半角进行标题分割，如"全场包邮2017秋冬新款冬裙／羊绒毛呢／加厚短裙／半身裙／包臀裙子"。

3. 商品标题的优化

1）关键词

关键词是由两个或两个以上的关键字组成的，在淘宝中搜索关键词，所展现的商品标题都含有这个关键词中的每一个关键字，但是这些关键字并不一定是紧密相连的。如图2-6所示是在淘宝搜索文本框中搜索关键词"坡跟鞋"后的结果，从结果中可以看出，有的商品标题中，"坡跟""鞋"并不是紧密相连的。但是搜索关键词"连衣裙"后的结果如图2-7所示，所有展现的商品标题中，"连""衣""裙"3个字都是紧密相连的。

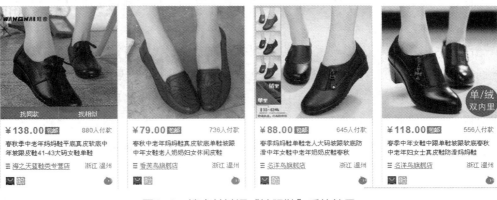

图2-6　搜索关键词"坡跟鞋"后的结果

图2-7　搜索关键词"连衣裙"后的结果

为什么会出现这样的情况呢？这是因为淘宝认为"连衣裙"是一个整体性较强的关键词，这个关键词不能进行拆分，拆分后所表达的意思就不完整。而"坡跟鞋"不是一个整体性强的关键词，可以拆分成"坡跟"和"鞋"。

从这个关键词拆分原理中，卖家可以得到一个启示：为商品寻找关键词时，需要思考这个关键词是不是淘宝认为的整体性强的关键词。

2）设置关键词让店铺拥有高访问量

（1）选择有效的关键词。关键词是描述店铺商品及服务的词语，选择适当的关键词是建立一个高访问量店铺的第一步。选择关键词的一个重要技巧是选取买家在搜索时经常用到的关键词。

（2）找到有效的关键词。在收集所需的关键词之前，了解买家是如何使用关键词进行搜索的，这一步十分重要。要思考买家会使用哪些关键词，与所销售的商品是否有直接或间接的联系。

（3）选取关键词的技巧。

①认真思考并记下与店铺或商品有关的所有关键词，尽量站在买家的角度考虑：假设你是买家，你会怎样搜索。

②设置热门关键词，如一些流行电视剧中的饰品、明星代言的商品以及最近热门的关键词等。如果有可能，应该合理利用这些关键词来为商品争取更多的流量。

③参考其他网店。参照一些同类店铺，看一看他们的商品名称是怎么写的，这样有可能会得到意料之外的关键词。

④建议同类商品不要只用少量的几个关键词，可以在同类商品里把能想出的词语都用上。

2.1.3 商品的图片

商品图片的好坏会直接影响买家是否有兴趣继续查看商品的详细情况，会直接影响到宝贝的流量；同时图片的好坏是刺激买家产生购买行为的首要因素。

宝贝图片优化是对现有的宝贝图片进行优化处理，进而优化出好的图片，优化出最能刺激买家产生购买行为的图片。常用的图片处理工具数不胜数，专用的平面设计软件Photoshop，平面广告设计软件CorelDraw，网页图形图像制作软件Firework，动画制作软件有Photoshop捆绑的Imag Ready，以及光影魔术手等。优化图片可以从以下几个方面着手。

1. 首图的优化

淘宝关键词优化主要作用是为了在买家搜索某一关键词时，商品能被搜索到。但是买家搜索关键词时展示出来的商品并不是只有一件。输入关键词后展示的商品可能有成品上千个，如何在海量商品中脱颖而出，让买家迅速单击商品，这就体现出淘宝商品首图优化的重要性了。在所有的商品展示图片中，首图的好坏往往决定了商品是否能吸引买家，如图2-8所示。

图2-8 商品首图对比图

图2-8中的左图拍摄角度合理，主题突出；而右图拍摄的角度不能很好地展示商品全貌，背景杂乱，主题不能得到有效的展示。

淘宝商品首图优化原则如下。

（1）主体突出。宝贝清晰、漂亮，从最佳角度展示商品全貌，不要有过于杂乱的背景。

（2）展示促销信息。一看图片就知道店铺有优惠活动，更能够吸引客户单击。

（3）尽量把主图做成正方形。

2. 处理好图片的大小、格式

图片的大小首先要调整好，要符合在网站上打开时浏览者的视觉感受，而且上传至网站上不会影响网页打开的速度。修正构图，把因拍摄时不注意留下的构图问题，利用黄金分割法调整好，让人看上去舒服，并产生美感。

图片不能过亮，当然也不能偏暗，调整得适合就可以。同时要加上店铺的防盗水印，彰显店铺的专业性，也防止网络盗图行为，如2-9图所示。

图2-9 添加水印的宝贝

3. 应详细地展示商品

即使是同一件商品，由于颜色和尺寸的不同，人们的感觉也会有很大差异。对于客户想要了解的内容，不要一概而过，而是应认真、详细、如实地介绍给客户。如图2-10所示的商品展示中，使用了多幅图片详细地展示了商品的不同部位。

图2-10　宝贝细节图

很多新手卖家都不注重细节图的拍摄，甚至在页面上就没有细节图，这样是很难让买家信任的。细节图越多，买家看得越清楚，对你的宝贝产生好感及购买的欲望也就越大。

4. 采用模特实拍

商品图片不仅要吸引人、清晰、漂亮，还要向买家传达丰富的商品信息，如商品的大小、感觉等这些摸不着的信息。如果想用心经营一个属于自己的品牌店，采用模特实拍图片是必不可少的。建议经营服装、包包、饰品等商品的卖家用真人做模特拍摄图片，给买家传达更多的信息。

相比平铺的衣服照片，使用真人模特的照片更能体现衣服的试穿效果。通过模特各式各样的姿势能显示出服装的版型和试穿效果。使用真人模特的效果如图2-11所示。

图2-11　真人模特

使用真人模特拍出来的商品图片，不仅能让买家更多地了解商品，还能美化店铺，吸引买家的眼球，店铺浏览量也会随之提高。使用模特实拍需注意以下几点。

（1）使用真人做模特，最好在商品描述中标明模特的身高或商品的大小，让买家对于商品的了解更加透明。

（2）尽量不要在逆光状态下直接面对模特拍摄，拍摄者或模特也可以尽量采取斜45°的拍摄角度。

（3）使用真人模特拍摄图片，选择合适的背景也很重要。地点最好选择户外，自然光拍摄出来的效果更好。

（4）要协调拍摄对象之间的关系，不能喧宾夺主。重点体现商品的特点，但是也要注意商品和模特之间的协调。

（5）模特姿势要多些，同时动作要自然不僵硬。

【开店小窍门】　　　　　　　商品起名小技巧

（1）在商品名称前加上自己店铺的名称，建立自己的品牌形象。

（2）知名品牌商品，建议在商品名称前添加品牌名称，从而通过品牌自身的影响力吸引买家。

（3）尽可能在商品名称中添加能表现商品特性的内容，如"新款上市""商品质地""商品风格"等信息。

（4）对于一些商品，尽可能在名称中表现出个性、时尚、潮流等特性；季节性或者时间性强的商品，也可以在商品名称中展现出来。

（5）商品名称的独特性，可以为自己的商品赋予一个独特的名称，不但能在同类商品中彰显出来，而且可以避免买家通过商品名称与同类商品进行价格对比。

【技能训练】

活动：用文字来描述商品信息。

活动目的：学会撰写不同类别的商品文案。

活动器材：联网的计算机、纸、笔。

活动内容：

（1）让学生讨论、自由发言，进行头脑风暴，并对学生发言进行记录。

如果你要买一本书，你会关注哪些信息？

如果你要买衣服，你会关注哪些信息？

如果你要买手机，你会关注哪些信息？

（2）上网查阅一下成功的网商是如何撰写商品文案的，并展示案例。

2.2 商品信息发布

与传统零售方式不同，网络零售的商品陈列是以网页的形式来展示的，客户是通过"搜索商品名称—比较商品图片—了解商品介绍"这么一个流程来寻找和选择商品的。因此，商品信息发布是网店日常运营的主要工作内容之一，也是最重要的工作步骤。商品信息发布包括商品供应信息的发布和商品促销信息的发布。

2.2.1 商品供应信息的发布

1. 商品信息发布流程（以淘宝网为例）

在淘宝网店铺发布商品信息的步骤如下。

（1）打开淘宝网站，登录我的淘宝，单击"卖家中心"—"发布宝贝"。

（2）默认显示"一口价"方式。

（3）选择商品所属类目后单击"我已阅读以下规则，现在发布宝贝"。

（4）填写商品属性信息后点"发布"，商品就成功发布了。

注意，在商品编辑页面如选择宝贝的一些属性条件，如服装的颜色及尺码等，必须填写相对应的数量，且数量之和必须等于宝贝数量。

2. 以一口价的方式发布商品

以一口价的方式发布商品的步骤如下。

（1）进入卖家中心，单击宝贝管理中的"发布宝贝"，填写商品基本信息，如图2-12所示。

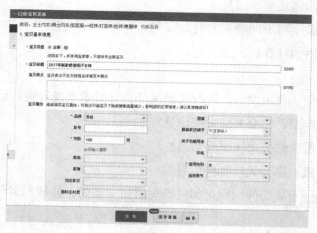

图2-12 商品基本信息

（2）上传商品图片，如图2-13所示。

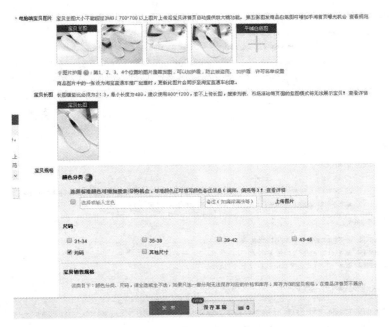

图2-13 上传商品图片

（3）创建运费模板，选择运费模板，如图2-14所示。

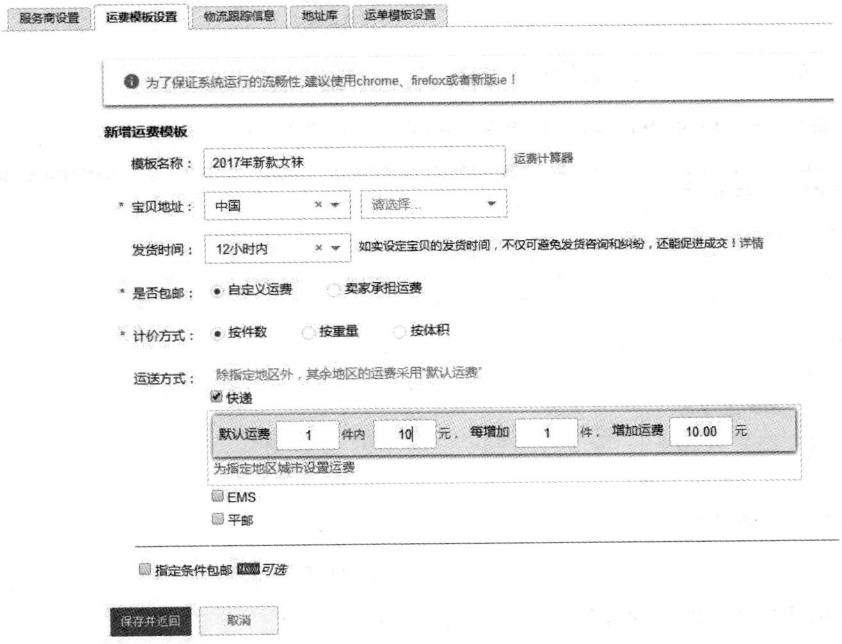

图2-14 创建运费模板

（4）设置物流信息，如图2-15所示。

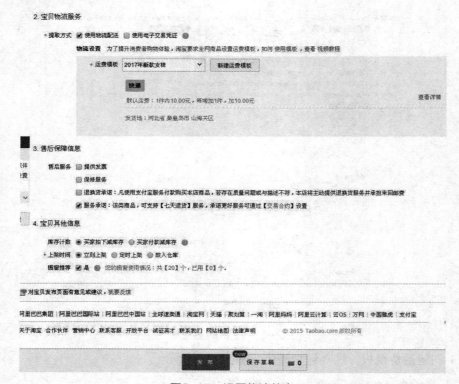

图2-15　设置物流信息

（5）发布成功，如图2-16所示。

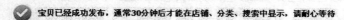
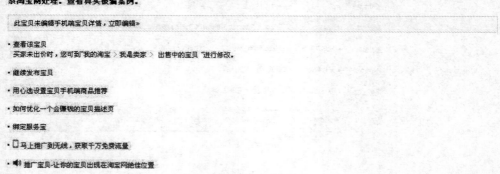

图2-16　商品发布成功

3. 以拍卖的方式发布商品

只有缴纳了保障金的卖家才能发布拍卖宝贝，提交保证金的具体方法是"卖家中心"—"淘宝服务"—"加入服务"—"保证金",申请提交保证金。

若选择以拍卖的方式发布商品,发布步骤与一口价方式发布商品的步骤类似,不同之处有以下几点。

(1)在选择发布方式的页面中单击"拍卖发布"。

(2)在填写商品信息的页面中,可以看到"交易条件"中多了"起拍价"和"加价幅度"。"加价幅度"有两种选择,选择"系统自动代理加价"表示买家在竞价该商品过程中,系统会自动代理加价的幅度,卖家不能自己设置加价的幅度;选择"自定义",并输入自定义的金额,则表示买家在竞拍此商品的过程中,每次加价幅度不得小于卖家定义的金额。譬如自定义的金额为5元,则买家竞拍此商品时只能以每次不小于5元的金额加价。

(3)拍卖的宝贝都是包邮的,运费由卖家承担,其目的是减少卖家把邮费定得过高而导致拍卖难以成交的情况。所以,卖家在设定"起拍价"时应把运费考虑在内。

2.2.2　商品促销信息的发布

1. 在网店公告栏里发布商品促销信息

1)设置店铺公告的内容

店铺公告版块允许填写的字数较多,是安排大量关键字的好地方。店铺公告内容不超过1 000个字,公告显示高度100 px(像素),通常以滚动方式显示,因为搜索机器人对滚动字幕的敏感程度远远超过页面里其他的字,有利于店铺的推广。

可以在公告里加入相关推荐商品信息,譬如本店的新品、热销商品,将推荐商品的图片制作成滚动方式显示。

公告引人注目的秘诀:言简意赅,只写最重要的信息,特别是优惠信息。因为公告是自动滚动的,而且公告栏高度比较低,再加上滚动速度比较快,买家不太可能仔细看完太长的公告。

店铺公告有两种形式:一是图片格式,安装方便,需自己动手作图;二是代码,只要放在公告栏就可以自己更改内容而不用借助作图工具。

2)管理店铺公告

单击"我的淘宝"—"店铺管理"—"店铺装修",进入店铺公告设置页面,如图2-17所示。

图2-17　店铺公告设置页面

将店铺公告拖到店铺合适位置，并编辑公告内容，如图2-18所示。

图2-18　店铺公告编辑页面

2. 在网络媒体上发布商品促销信息

促销信息除了可以发布在自己的网店公告里，还可以利用其他网络工具来传播促销信息。

（1）利用微博、微信群或微信公众号进行推广。

（2）利用QQ、博客进行推广。

（3）利用电子邮件发布促销邮件。

（4）利用签名档：在各大论坛的签名档和头像位置，尽量把店铺的促销信息写上。

（5）和朋友交换链接，让更多的人找到店铺，看到促销信息。

（6）还可以采用付费的推广方法，如开通旺铺、直通车，加入阿里妈妈和淘宝的各种宣传活动。

另外学会设置旺旺的个性签名也能起到促销的作用，如图2-19所示。

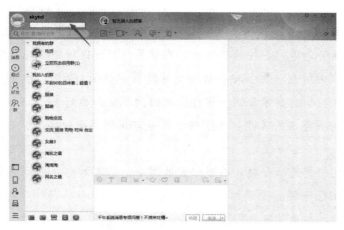

图2-19　设置旺旺个性签名

设置电子邮件的个性签名也有一定的促销作用。如QQ邮箱，单击"邮箱设置常规个性签名"，发邮件给自己的朋友，请他们查看和收藏你的网店并提出建议，如图2-20所示。

图2-20　设置邮箱个性签名

登录论坛（如阿里巴巴商人论坛http://club.china.alibaba.com、淘宝网客户社区http://www.taobao.com/forum.php、西祠胡同http://www.xici. net、百度贴吧http://tieba.baidu.com等）设置个人签名。选择合适的版面（如院校、商盟、创业、购物、时尚、二手市场、网络游戏、数码等），先浏览版面了解讨论的主题，试着跟帖发表自己的见解或解答别人的疑问，然后自己发表一些主题讨论帖，引起别人的关注，从而为自己的店铺积累人气。

【开店小窍门】　　　　　　使用阿里旺旺小窍门

为了更好地服务老客户，挖掘新客户，在使用阿里旺旺时需要注意以下几点。

（1）添加买家为好友。为了在以后的交易过程中便于相互交流，也为了有针对性地宣传自己的商品和店铺，卖家应该把曾经交流过的买家加为好友。

（2）备注有购买意向的客户。为了便于区分与识别不同的买家，可以为不同的买家备注不同的名称。

（3）对不同的好友进行分类。随着好友的增多，需要对好友进行分类管理。

（4）加入淘宝旺旺群。为了加强与同行的交流，及时获得第一手的信息，卖家可以根据自己的需要加入相应的旺旺群，迅速由菜鸟卖家进阶为高手卖家。

【技能训练】

活动：发布一口价商品供应信息。

活动目的：了解如何发布一口价商品供应信息。

活动要求：在淘宝平台上操作。

活动器材：联网的计算机。

活动内容：

（1）了解卖家发布宝贝的条件。

（2）登录淘宝网，单击"我要卖"，发布一口价商品信息，将上课使用的教材作为商品进行练习。

2.3　网店信息更新

网店必须经常性地更新才能不断吸引访问者再次光临，使潜在的客户变成客户；如果网店一成不变，是无法获得更多的商业机会的。网店经常有新品上架，才会不断吸引买家前来观看。如果新货多，可以分批上传，一天传几样，这样买家可以天天有惊喜，而且不会出现到期全部下架的情况。

2.3.1　商品上下架时间

在发布商品时，可以设定一个商品上架的具体时间，选择在上网人数多的黄金时段进行发布，有利于商品被买家搜索到，如图2-21所示。

图2-21　商品上架时间的设定

当买家搜索淘宝商品时，淘宝会根据商品上架时间来排序，也就是说剩余时间越短，商品就越靠前，也就越容易让买家看到。

另外，还要考虑什么时间上网人数最多。据统计，上网人数最多的时间段是10:00—11:30、15:30—17:30和19:30—21:30。商品一定要选择在黄金时段内上架。在具体操作中，可以在11:00—16:00、19:00—23:00，每隔半小时发布一个新商品。尽量避免同时发布，因为同时发布，也就容易同时消失。如果分隔开来发布，那么在整个黄金时段内，都会有即将下架的商品可以获得很靠前的搜索排名，带来可观的流量。把所有的橱窗推荐位都用在即将下架的商品上，如果安排合理，推荐位就会发挥巨大的威力。

商品上架时间可以选择7天或14天，经过不断地分析和尝试，选择7天是最佳的。选择上架为7天比选择14天多了一次下架的机会，也就多了一次排名靠前的机会，当然也就获得更多的宣传机会。

2.3.2　橱窗商品推荐

淘宝的橱窗推荐就相当于实体店铺中的玻璃橱窗。实体店铺中的商品数量很多，卖家不可能让每一件商品都充分展示在客户眼前，因此实体店铺的卖家往往会在透明的落地玻璃橱窗中放置最具吸引力的商品，让路过的客户一眼就看到，从而吸引他们进店购物。淘宝的橱窗推荐可以提高商品的搜索权重，使用了橱窗推荐的商品能比店铺中没有橱窗推荐的同类商品获得更好的排名。

1. 设置橱窗推荐的具体操作步骤

（1）登录"我的淘宝"，单击"卖家中心"—"宝贝管理"—"出售中的宝贝"链接，如图2-22所示。

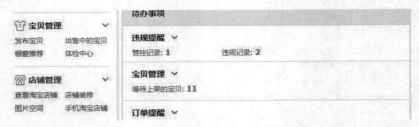

图2-22 销售中的宝贝

（2）进入出售中的宝贝页面，会看到所有销售中的宝贝，在宝贝前面勾选复选框，单击上面的"橱窗推荐"按钮，如图2-23所示。

图2-23 设置橱窗推荐宝贝

（3）单击上方的"橱窗推荐宝贝"链接进入橱窗宝贝页面，在这里可以查看所有推荐的宝贝，如图2-24所示。

图2-24 橱窗宝贝页面

2. 选择推荐商品的原则

1）充分利用橱窗位

这个要点不必多加解释，其核心就是不要让橱窗位空着，橱窗位中的商品要尽量是具备一定竞争力和性价比的商品，这样才能让有限的橱窗位发挥最大的价值。

2）将快下架的商品设置为橱窗推荐

卖家都知道，离下架时间越近的商品越能获得好的排名。所以卖家要抓住这个特点，时时检查店铺中的商品，将快下架的商品设置为橱窗推荐，让该商品获得最好的排名。

3）将促销商品设置为橱窗推荐

店铺中的促销商品肯定是需要大量达成交易的商品，那么卖家就可以将这类商品设置为橱窗推荐，从而增加商品促销的效果。

4）将店铺商品分类为可推荐和不用推荐

商品的价格和质量等不同，决定了它们的销量也不同。有的商品如果不进行推荐就会成为没有流量、没有销量的商品，卖家就需要将这样的商品归类为可推荐商品；而有的商品如果进行推荐就能有很好的流量和销量，一旦取消推荐就表现平平，这样的商品也需要归类为可推荐商品；同样的道理，对于店铺中市场需求大、销量也已经很好的商品，就算是加入橱窗推荐也不能使其再有很大的提高，对于这样的商品就可以归类为不用推荐商品，从而节约橱窗位数量，将宝贵的橱窗位用到真正需要推荐的商品上。这样的做法或许牺牲了部分商品的一点销量，但是可以有效提高全店业绩。

3. 橱窗商品的展示位置

设置橱窗推荐后，在出售中的宝贝里可以看到"橱窗"两个字，即代表已设置橱窗显示。橱窗设置后，买家可以在首页更快地搜到宝贝；另外设置橱窗推荐后宝贝在搜索结果页面优先得到展示（并不是说设置推荐就一定会显示在搜索结果页面的第一位）。

2.3.3　设置掌柜推荐

掌柜推荐商品的展示位置是在商品详情页面中商品主图的下方一行，最多可以设置六个商品推荐，如图2-25所示。一般店铺选择热销或有竞争力的商品作为掌柜推荐商品，其推广效果不如橱窗推荐，但是对提高店铺流量、增加销售额还是有好处的。

图2-25　掌柜推荐商品展示位置

　　加入掌柜推荐商品的具体操作方法如下。

　　（1）进入到店铺管理页面中的"宝贝管理"，在列表框中单击"出售中的宝贝"选项，如图2-26所示。

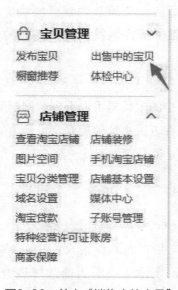

图2-26　单击"销售中的宝贝"

　　（2）进入到"出售中的宝贝"页面后，在页面中单击"心选推荐"链接，如图2-27所示。

图2-27　单击"心选推荐"链接

（3）进入心选页面，单击"新建计划"，如图2-28所示。

图2-28　新建计划页面

（4）填写计划名称，选择主商品，并上传推荐商品的图片和链接地址，单击发布，如图2-29所示。

图2-29　发布掌柜推荐商品

【开店小窍门】　　　　　　　　选择橱窗推荐商品的技巧

在选择橱窗推荐商品时考虑以下几个因素。

（1）有很多买家购买的商品，也就是店铺中的人气商品。

（2）性价比高的商品。

（3）价位最低的商品。在买家搜索商品时，为了找到便宜商品，总会按照价格来搜索，所以价格低的就会优先排在前面。

（4）标题"成熟"的商品。商品的标题由关键词组成，只有标题中出现了买家搜索的关键词才有可能被搜索到。

（5）图片制作精美的商品，这会影响到浏览量。

（6）小部分包邮的商品。

【技能训练】

活动： 更新网店商品信息。

活动目的： 了解网店商品信息更新频率和更新时段。

活动要求： 能上淘宝网或类似的实验平台操作。

活动器材： 联网的计算机。

活动内容：

（1）设置商品的定时发布。

小提示： 在发布商品信息时，可以设定一个商品上架的具体时间，选择在上网人数多的黄金时段进行发布，有利于商品被买家搜索到。

（2）在我的店铺设置橱窗宝贝。

巩固 与 提高

一、单选题

1. 商品的（　　），主要包括产品的名称、规格、型号、单价、功能、使用方法、注意问题等产品相关的全方位的文本信息。

　　A. 文字信息　　　　　　　　　　B. 图片信息

　　C. 其他信息　　　　　　　　　　D. 电子信息

2. 用来加深照片颜色的方法是（　　）。

　　A. 减少曝光量　　　　　　　　　B. 增加曝光量

C．在强光下拍摄　　　　　　　　　　D．增加色彩对比度

3．添加图片可以（　　　），也可以单击文本框上方的图片插入工具插入图片。

　　A．直接添加图片代码到文本框中

　　B．直接将图片复制粘贴在文本框中

　　C．直接截图到文本框中

　　D．直接将图片拖入文本框中

4．在商品标题中"数码相机"和"大码服装"都属于（　　　）类关键词。

　　A．品牌　　　　　　　　　　　　　　B．属性

　　C．促销　　　　　　　　　　　　　　D．评价

5．宝贝三要素指（　　　）。

　　A．标题　图片　描述　　　　　　　　B．旺旺　支付宝　描述

　　C．图片　支付宝　旺旺　　　　　　　D．标题　图片　支付宝

6．电子商务运营追求的是利润，利润的最小单位就是（　　　）。

　　A．产品的流量　　　　　　　　　　　B．产品的价值

　　C．流量的价值　　　　　　　　　　　D．流量的多少

7．所有产品都受到（　　　）的影响，使用同一个词语描述不同的产品，所产生的流量价值是不一样的，给店铺带来的利润也具有差异化。

　　A．产品的基本属性　　　　　　　　　B．产品的规格包装

　　C．产品的销售对象　　　　　　　　　D．产品的固有价值

8．页面的加载超过（　　　）秒，57%的用户会放弃当前的浏览。

　　A．2　　　　　　　　　　　　　　　　B．3

　　C．4　　　　　　　　　　　　　　　　D．5

9．以下不可能导致宝贝上架失败原因的是（　　　）。

　　A．宝贝图片存在盗链　　　　　　　　B．宝贝属性没填

　　C．宝贝品牌没填　　　　　　　　　　D．与其他宝贝上架时间重复

二、简答题

1．如何把握好店铺商品的上架时间？

2．商品标题优化的技巧有哪些？

3．简述商品发布流程。

4．商品发布有几种方式？

5．商品描述时要注意哪几个方面的问题？

第3章 网店订单管理与物流渠道的建立

【学习目标】

知识目标

1. 掌握网店商品订单信息管理的要点和技能。

2. 了解不同的送货方式。

3. 掌握降低物流成本的方法和技巧。

4. 了解包装商品和防止货物损失的注意事项。

技能目标

1. 能够对订单的不同状态进行处理。

2. 能够从降低物流成本的角度选择物流公司。

3. 能够针对不同类别的商品选择相应的包装方法并能有效地降低货物损失。

【引导案例】

小刘在工作中发现，在买家下单后，客服工作人员需要针对订单内容做基础的管理，不同情况下的订单如何处理对网店的有效运营是很重要的。另外小刘还发现一个重要问题，就是网店运营中的物流成本问题，如何降低物流成本是关系到网店盈利多少的一个重要因素。

问题：（1）一般的订单管理有哪些内容？

（2）降低物流成本应该从哪几方面入手？

3.1 网店订单信息管理

3.1.1 客户订单

无论是传统商务，还是电子商务，客户订单无疑是企业最为关注的。客户订单是销售管理的一部分。从接单、生产完成到交货以后的发票开立等一连串处理过程与追踪工作都涵盖在销售管理范围内。代表客户需求的订单成为企业生产经营和供应链管理的源头和终点。

网店的客户订单，既是销售的凭证，更是响应客户需求的依据。客户订单规定了网店应该给客户提供商品和服务的要求。客户订单的形式不完全相同，但都可视作网店与客户达成的销售约定。

网店的客户在网上完成购物流程时便生成了客户订单，如图3-1所示。

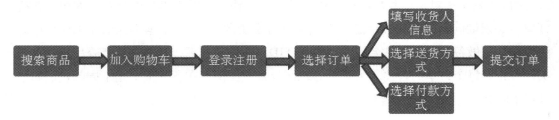

图3-1　购物流程生成的客户订单

3.1.2 客户订单的信息管理

在买家下单后，客服工作人员还需要针对订单信息等内容做基础的管理。一般的订单管理内容包括：卖出商品的备注、发货地址确认、买家评论管理、买家收货地址错误处理、取消订单或卖家缺货处理、延长买家确认收货时间、买家退货处理、买家未收货处理等。

1. 卖出商品的备注

卖出商品的备注为网店日常工作的交接提供便利。通过注明买家目前订单的情况，便于后期的商品跟踪与管理。假设一笔订单的买家联系的是售前客服，而售前客服没有备注说明此订单的情况，那当订单交接至售后手中时，便要再次向该买家询问订单情况；这很容易引起买家的厌烦心理与不良情绪。又或者在买家要求退换货的情况下，卖家没有对卖出商品进行备注，售后就不知道买家商品发回的原因，因此无法给买家及时处理订单，导致客户体验下降。所以，备注好买家的订单情况是网店经营过程中非常重要的一环。

针对不同类型的订单问题，有不同的备注方式，如图3-2所示。

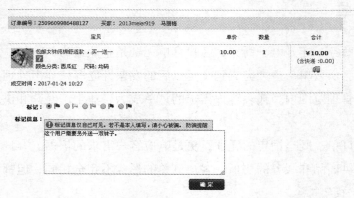

图3-2　备注框

图3-2是卖家对卖出商品进行备注时的备注操作框。对于卖出的商品，客服在接受订单后必须询问客人的快递信息（尤其是自身发货的），然后根据客人的要求做相应备注，并写上做备注的客服姓名或者客服旺旺ID。一切完成后，在审单或者仓库发货前再次仔细查看每个订单的备注。为了更好地区分备注类型，在备注框上用不同颜色的旗子进行了归类。

1）红旗

当客户有特殊要求时用红旗备注，如图3-3所示。如送小礼物、指定快递、换地址等。备注应该注明售后问题、运费的承担方以及处理的进程，格式一般如：尺码小了，买家换货自理来回运费，收到退件后换成××款式、××颜色、××尺码，最后再加上日期和备注人姓名等。

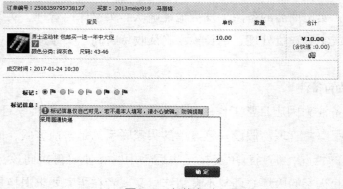

图3-3　红旗备注

2）黄旗

一般属于售前或售后客服备注用。当客户要求暂不发货时就使用黄旗备注，如图3-4所示。例如，补单情况，客户要求推迟发货或有补换货邮费的情况等。

图3-4　黄旗备注

3）绿旗

当可以发出商品时使用绿旗备注，如图3-5所示。例如，客户之前有要求推迟发货或要求具体哪天发货，现在到了客户指定的发货时间了，就可以将黄旗改成绿旗。又或是之前有补换货邮费的情况，而卖家店铺此时已经收到退件可以给客户换货时，就将黄旗改为绿旗。（提示：绿旗和黄旗可以灵活搭配使用。）

图3-5　绿旗备注

4）蓝旗

客户有特殊售后问题时可以使用蓝旗备注，如图3-6所示。比如，客户给中差评的情况或订单有缺货等情况。

订单编号：2508359795738127	买家：2013meier919 马丽梅			
宝贝		单价	数量	合计
男士运动袜 包邮买一送一年中大促 颜色分类：深灰色　尺码：43-46		10.00	1	￥10.00 (含快递 :0.00)
成交时间：2017-01-24 10:30				

标记：　⬤🚩 ⭘🚩 ⭘🚩 ⬤🚩 ⭘🚩

标记信息：

> 🛈 标记信息仅自己可见。若不是本人填写，请小心被骗。 防骗提醒
>
> 缺货

确定

图3-6　蓝旗备注

5）紫旗

当客户订单可以办理退款时用紫旗备注，如图3-7所示。例如，跟单员收到客户退件时，在确认退回款式、数量等信息后，可以给客户办理退款。

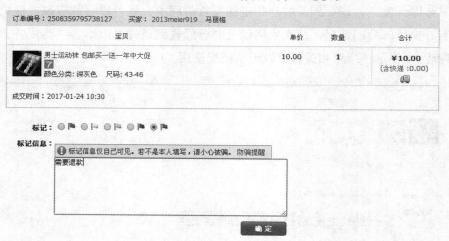

订单编号：2508359795738127	买家：2013meier919 马丽梅			
宝贝		单价	数量	合计
男士运动袜 包邮买一送一年中大促 颜色分类：深灰色　尺码：43-46		10.00	1	￥10.00 (含快递 :0.00)
成交时间：2017-01-24 10:30				

标记：　⬤🚩 ⭘🚩 ⭘🚩 ⬤🚩 ⬤🚩

标记信息：

> 🛈 标记信息仅自己可见。若不是本人填写，请小心被骗。 防骗提醒
>
> 需要退款

确定

图3-7　紫旗备注

为了让备注更为清晰明朗，在备注内容结束后一定要注明备注人的名字、备注时间以及备注情况，以便商品交易过程的顺利进行，持续到交易完成为止。

2. 发货地址确认

首先，发货前仔细核对买家提供的收货地址和收货人（或其代理收货人）姓名。如果买家提供的收货人姓名和地址与其原来在网上提供的不一致，为了避免错发的情

况，可以通过旺旺、站内信、邮件等方式，将地址发给买家让其确认，以避免不必要的争议，尽量利用阿里旺旺或电话的方式与买家联系，并保留与买家联系的资料。如果是填错了地址或姓名，由卖家负责赔偿，或者负责所有邮寄费用。如果是由于买家提供地址有误，导致宝贝收货延迟或丢失，卖家不负责。发货地址确认页面如图 3-8 所示。

图3-8　发货地址确认页面

其次，发货时对邮寄的宝贝进行仔细检查后再进行包装，确保宝贝不会在运输过程中损坏。同时，即使出现买家说有质量问题的情况时，卖家也能大致掌握商品的原来状况，降低店铺的损失率。不但如此，在填写邮寄地址之后仍需认真检查一次，确认地址、电话、姓名等重要信息无误，做到查漏查缺，让商品顺利到达买家手中，完成交易。

最后，发货后保存好发货的凭证，并通过手机短信、旺旺、站内信和发货备注等途径提示买家，如"货物已经通过××发出，单号是××，请注意查收，收货时请当着快递工作人员的面打开检查，如有异常，请快递工作人员签字盖章后退回，以保障您的利益"。此后如果出现买家说货物有损坏的情况，可以请买家出示快递工作人员签字确认的单据，在合理的范围内，确保自身的利益。

3. 买家评论管理

买家在购买完商品后，会在店铺的评论区域进行购物反馈。客户会通过评论来向店铺传达相应的信息，这些评论信息一般分为好评、中评和差评。客服在看到这些评论后，要对其中的问题做出相应的解释和回复，要给中评和差评的客户一个满意的解释。一定要及时解决客户的问题，第一时间维护品牌形象。同时要对给予好评的客户积极鼓励，从中分析哪些商品是最受用户喜爱的，为店铺今后的进货和销售提供依据。买家评论页面如图 3-9 所示。

图3-9　买家评论管理

4. 买家收货地址错误处理

在网店交易的过程中，如果出现买家把收货地址填错的情况，卖家可以在"价格及发货管理"页面选择"发货管理"，对整笔订单的收货地址进行修改，或者修改单笔订单的收货地址。相应的操作具体如下。

1）整笔订单地址修改

进入"发货管理"页面，单击订单顶部的"修改地址"，在弹出的浮动层中填写正确的地址，单击"确定"，地址修改成功。

2）单笔交易地址修改

进入"发货管理"页面，单击单笔交易后的"修改地址并发货"，在"发货页面"选择该笔交易对应信息，单击"修改买家地址"，在弹出的浮动层中填写正确的地址。需要注意的是，单笔交易修改地址，只有在交易发货成功后，地址才会被保存，如果没有发货成功，则修改的地址不会被保存。

5. 取消订单或卖家缺货处理

在买家下订单后，如果在交易中途出现了买家想取消订单或卖家缺货的情况，卖家可使用"关闭交易"的功能，将交易直接关闭。前提是，假如买家想取消订单，需要与卖家先进行协商，以免被卖家投诉"拍下不买"；如果卖家没有货，也必须先与买家协商，以免被买家投诉"成交不卖"。关闭交易的具体操作为：首先在"价格及发货管理"页面，选择"订单价格修改"；然后在跳转后的页面单击需要关闭的交易下的"关闭交易"按钮；最后卖家选择"关闭交易"的理由，单击"确认关闭"按钮，即可关闭交易。

6. 延长买家确认收货时间

假如淘宝卖家已经发货，但是由于物流配送不通畅，导致买家久久未收到货，这时买家可以自己延长收货时间，也可以通过卖家帮忙延长。不但如此，在交易发生换货的情况下，也要注意及时延长收货时间，避免由于特殊情况无法及时确认收货，导致交易超时系统自动打款成功的情况。

延长收货时间的操作可以由卖家执行，也可以由买家执行。卖家如需延长买家的收货时间，可进入"已卖出的宝贝"，找到需延长的交易，单击"延长收货时间"，选择延长的期限即可。而且卖家可以给买家延长收货时间，分别可延长3、5、7、10天，是不限制次数的。卖家延长收货时间界面如图3-10所示。

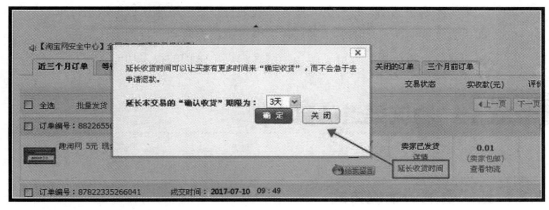

图3-10　卖家延长收货时间

7. 买家退货处理

当买家收到货物以后，因为产品问题或者其他原因需要退货时，卖家首先可以与买家进行沟通，如果沟通过后，买家仍旧坚持退货，那买家可以根据以下操作来进行退货处理：登录我的淘宝，在"交易记录"页面找到需要退款的交易，单击"退款"。需要注意的是，一般情况下，退货由买家承担运费。

8. 买家未收货处理

客服针对买家一直声明没收到货物的问题，解决办法有两种。一种是买家通过与卖家进行沟通，让卖家与快递公司取得联系，了解具体的快递情况，并要求卖家进行后续的跟进处理。另一种是卖家先联系快递公司，找出具体问题出在哪里，再与买家友好沟通；或是卖家与淘宝客服进行沟通，了解具体签收情况，并要求提供签收底单和第三方合法签收凭证，淘宝客服及时跟进处理。不管是哪种处理方式，都需要以诚实的态度、负责的心态去处理网店经营过程中的每一个问题，并且从中学习和总结。

【技能训练】

活动：考察当当网图书订单管理。

活动目的：了解网店发布和发送订单状态信息过程。

活动内容：

（1）登录当当网，注册用户。

（2）在当当网上购买图书，付款方式选"货到付款"。

（3）你的电子邮箱会收到"订单确认通知"。

（4）如果不想购买图书，过一会儿进入"我的订单"取消刚生成的购书订单。

（5）如果真想购买所订的图书，随后你的电子邮箱会收到"货到确认通知"。

（6）在"我的订单"里，你可了解当当网客户订单管理的很多功能。

3.2 物流渠道的建立

3.2.1 选择合适的物流方式

1. 选择送货方式

目前网上购物使用的物流主要有邮政业务、快递公司及物流托运这3种，而且不同地区不同物流的收费也不同。对于卖家来说，由于经常需要通过物流发货，因此需要对不同的物流方式、资费标准及服务进行相应的了解，从而选择出最适合自己的发货方式。

1）邮政业务

（1）平邮。平邮是比较常见的一种邮寄方式。邮局的包装材料是比较好的，但是价格比较贵，如果卖的东西可以赚很多钱，当然可以无所谓。邮资包括以下几项。

①挂号费：3元，全国统一，强制收取。

②保价费：可以选择不保价，不保价的包裹不收取保价费。

③回执费：可以不要回执服务，不用回执的包裹不收取回执费。

④资费：视距离远近每千克资费不同。商品包装包括纸箱、布袋、包装胶带等。邮局的纸箱、布袋等是要收费的，也可以用自己的纸箱，缝制布袋进行包装，但是必须符合邮局规定。

⑤持续时间：视距离远近一般5～30天不等，速度比较慢。

⑥安全保障：每个包裹都有单号，可根据单号查询投递状况。如果邮寄时进行保价，在包裹丢失后可以按保价金额进行赔偿。如果邮寄时没有进行保价，在包裹丢失后最高不超过邮费的2倍进行赔偿。

（2）快递包裹。快递包裹是中国邮政为适应社会经济发展，满足用户需求，于2001年8月1日在全国范围内开办的一项新业务。它以快于普通包裹的速度、低于特快专递包裹的资费，为物品运输提供了一种全新的选择。

注意：最好别发快递包裹，速度并不比平邮快，价格很可能比快递公司贵。

（3）EMS。EMS是邮政提供的特快专递业务，全国范围内只要1～4天即可到货，多数地区EMS可上门取件，这对卖家来说，是非常方便的，但运费较高。对于普通快递公司无法到达，并且买家希望尽快收货的情况，可以选择EMS。

采用EMS发货时，卖家可以拨打邮政服务电话11185联系上门取件，之后需要填写发货单，EMS发货单的费用是1.5～2元／张，可以多购买一些以方便日后发货。

EMS采用航空邮递，一般省内24小时到达，省外48小时到达。全国范围内最多72小时到达。另外，EMS除了重量外，还会根据运输里程来计算费用，对于不是很重、运输里程不是很远的货物，可以采用EMS发货。

2）快递公司

快递公司是目前网上交易使用最多的物流方式，国内现在可选择的快递公司有数十家，如顺丰快递、申通快递、圆通快递、中通快递等。不同的快递公司提供的服务也略有差别，如顺丰快递发货速度较快，全国范围内一般2～3天收货，但收费略高，其他快递公司速度略慢，全国范围内2～4天收货，但收费略低。

目前快递公司的运输网络已非常完善，而且服务态度更加优良，是网上交易首选的物流方式。除以下两种情况外，一般建议采用快递公司发货。

（1）贵重类商品：对于较为贵重的商品，为了避免运输过程中损坏或丢失的情况，建议选择EMS。一是EMS运输安全系数较高；二是即使出现运输问题，解决起来也较为方便。

（2）快递公司无法到达的地区，一些小城市、乡镇或者偏远地区，可能快递公司无法到达，这时就必须选择邮政来发货了。

目前快递公司有很多家，不同快递公司的收费标准也不一样。我们在选择快递公司时，可以查询多个快递公司的价格表进行对比，从中选择性价比最高的快递公司。

另外，一些快递公司在重量上控制较为严格，这时我们可自行称重。

3）大件物品使用物流托运

不易碎的大件物品使用汽车托运和铁路托运最为便宜，效率也不低。汽车托运运费可以到付，也可以现付。货物到了之后可能会再向收货方收一定的卸货费。一般的汽车托运不需要保价，当然，有条件的话最好保一个，一般是千分之四的保价费。铁路托运价格低，速度也快，但是只能送到火车到达的地方。铁路托运一般由卖家到火车站发货，到货后买家去火车站取货。

2. 节省物流费用

选择快递公司发货，是目前多数网店卖家主要采用的物流方式。对于卖家而言，尤其是生意较好的卖家，每个月在运费上的开销也是非常多的。如果质量相同，价格一样，买家会选择邮费更低的，可见降低运费将使卖家的产品更具竞争力。因而卖家有必要考虑如何有效降低快递运费，从而降低网店开支。

1）平邮省钱的方法

现在的网店日趋成熟，市场竞争却也越来越激烈，价格战在所难免，要想让自己的小店脱颖而出，除了靠自身的努力经营外，邮费问题至关重要。下面介绍降低邮费的方法。

（1）准备好纸箱：一般选择邮局或网上购买。邮局的纸箱价格有点贵，网上的就便宜很多；也可以选择到超市收购，而且也很结实。

平时生活中可以积累一些大大小小的纸箱，注意要结实一点的，然后根据自己的需要选择合适的纸箱去邮寄。

（2）准备好箱内填充物：如果商品没有占满纸箱，为了防止野蛮操作造成对商品的损害，要对商品进行保护处理，否则到了邮局，邮局会要求买包装材料。

（3）封箱胶带：最好是透明的。可以将客户的信息预先写在纸箱上，到了邮局检查后再封箱。

（4）包裹单：网上卖的包裹单价格大概是邮局的一半，这也是省钱的办法之一。

2）关注快递优惠活动

一些快递公司，在不同时期的价格可能会有所调整，如年前、年后等。有时候为了推广，还会与当地的一些论坛或者网站合作来推广各种优惠，如某快递公司曾推出过300元包100件的服务，这样算来一件只要3元，非常划算。

广大卖家在上网的同时，可以利用空闲时间多看看快递公司网站，或者当地知名度较高的交易网站或论坛，一旦有优惠活动，就能第一时间知道。

3）使用推荐物流

现在很多快递公司都和淘宝平台建立了合作关系，在线下单会有一定的优惠。

以淘宝网为例，目前与淘宝合作的快递公司有E邮宝、EMS、圆通快递、中通快递、宅急送，以及韵达快递等。使用淘宝推荐物流，具有以下几方面的优势。

（1）价格更优惠。提供各物流公司的价格比对，同时享受低价策略。

（2）多方位服务渠道。各个物流公司都有旺旺在线客服和论坛答疑，方便卖家咨询。

（3）物流状态一目了然。买卖双方可随时查看商品的物流情况。

（4）批量发货预约上门。可预约物流上门收件时间，并且支持批量发货。

（5）优越的赔付条件。享受自己联系物流时无法享受到的各类无价保赔付条件。

3.2.2　商品的包装

商品的包装好坏关乎商品能否完好无损地送到买家手中。如果包装不牢导致商品在运输途中损坏，那就得不偿失了。商品的包装是商品的重要组成部分，它不仅在运输过程中起保护的作用，而且直接关系到商品的综合品质。不同类别商品的包装需要注意的也不同。

1. 服饰类商品

如果是衣服，可以用布袋装。用布袋包装服装时，白色棉布或其他干净、整洁的布最佳。淘宝上有专卖布袋的店，大小不一，价格也不一。如果家里有废弃的布料，也可以自己制作布袋。在包装的时候，一定要在布袋里再包一层塑料袋，因为布袋容易进水和损坏，容易弄脏服装。

2. 首饰类商品

首饰类商品一定要用包装盒、包装袋或纸箱来包装。可以去当地的饰品包装盒、包装袋批发市场看看，或在淘宝批发。使用纸箱包装时一定要有填充物，这样才能把首饰固定在纸箱里。还可以附上一些祝福形式的小卡片，有时还可以写一些关于此饰品的说明和传说，让一个小小的饰品显得更有故事和内涵。

3. 化妆品、香水、护肤品

香水、化妆品大部分是霜状、乳状、水质，多为玻璃瓶包装，因为玻璃的稳定性比塑料好，化妆品不易变质。但这一类货物也一直是查得最严的，所以除了包装结实，确保不易破碎外，防止渗漏也是很重要的。最好先找一些棉花把瓶口处包严，用胶带扎紧，用气泡膜将瓶子的全身包起来，防止洒漏。最后再包一层塑料袋，即使化妆品漏出来也会被棉花吸住并有塑料袋做最后的保障，不会漏出污染到其他包裹。

4. 食品

食品的包装没有太多讲究，做到干净和抗挤压就行。某些食物的保质期很短，如巧克力、干果、牛肉干之类的非真空包装食品，而且考虑到买家的迫切心情，大多是通过快递发货的。发送这类货物要注意两点：一是包装要干净，不管是装食物的袋子，还是邮递用的纸箱，都要求干净，如果放在一个脏兮兮的纸箱里，不仅影响食欲，买家收到货后肯定会质疑食物的卫生安全问题，下次肯定不会再光顾自己的店铺了；二是分量一定要足，千万不能缺斤少两，最好在货物中附一个清单明细，里面应注明食品名称和订购量。清单一式两份，客户一份，自己留一份。

5. 易碎商品的包装

易碎商品包装一直是个难点，特别是易碎品的运输包装。为保证这些产品在流通过程中不被损坏，通常按照一定的技术方法对这些产品进行缓冲包装。外部包装是保护易碎品免受损失的有效方法。通常要求易碎品外包装应具有一定的抗压强度和抗戳穿强度，可以保护易碎品在正常情况下完好无损。

最典型和最常用的易碎品外包装是瓦楞纸箱，部分大而重的易碎品采用蜂窝纸板包装箱。

易碎品包装时注意如下事项。

（1）要把易碎物品四周包上气泡膜。

（2）把易碎物品放到大小合适的盒子或者箱子里，使其不会在里面晃动。

（3）找一个比原来的物品箱四周大一些的箱子，用气泡膜把底部四周全部塞满。

（4）如果有易碎物品标签就贴上，箱子四周写上易碎物品勿压、勿摔，提醒运输人员在装卸货过程中避免损坏。

6. 3C类商品的包装

3C产品通常指的是电脑、平板电脑、移动电话、数码相机、电视机、随身听、电子辞典、影音播放之硬件设备或数字音频播放器等。这类商品本身就附带有较好的包装，具备一定的抗挤压与抗摔打能力，在包装时主要考虑增强抗冲击能力即可，如外部套用一个纸箱，并使用各种填充物填充等。

对3C产品的包装有一定的要求，在选择纸箱时考虑纸箱的大小以及厚度，纸箱分为三层纸箱和五层加厚纸箱。如果产品属于易碎产品，卖家在包装时也要贴上易碎标签，减少在运输过程中产品的损坏率。

包装产品时，也可以选取适当减震材料保护产品，气泡膜、泡沫塑料可以帮助填充纸箱的空隙，使之在运输过程中不会震荡，否则就失去内包装的效用了。

在包装里加入一张感谢卡，一方面感谢买家购买产品，另一方面也可以让买家记得留个好评价。另外卖家自己也可以定义感谢卡的内容，让买家了解你的更多信息，同时买家也会对自己购买的产品感到信任。

7. 生鲜商品的包装

物流是生鲜产品销售中的一个重要环节，网络销售的配送由于终端用户较多、配送路线较长、产品在途时间较长，对产品包装的保鲜、保水要求比传统销售渠道要高，一些要求冷藏储存的产品如冷鲜肉、水产等则需要冷链物流配送。目前除少数网络销售商对物流中的包装进行详细说明，并对相关产品承诺提供冷链物流配送外，绝大多数的厂商未在销售中对产品的包装和运输要求进行明确的说明或承诺，行业内也没有就包装和运输达成任何行业规范，给生鲜产品的质量保证带来隐患。

目前生鲜商品主要有水果、蔬菜、肉品、水产、干货及日配、熟食和糕点等。其中水果怕磕碰，容易腐烂，在包装时一般要加上双层网套，有的还要包装餐巾纸，用泡沫盒子，外加纸箱包装，发顺丰快递。而蔬菜、肉类、水产、熟食等生鲜商品保质期短，对温度有特定要求，因此在包装时除了要用泡沫盒子外，里面还要放上冰袋外加纸箱包装。

3.2.3　防止货物丢失的措施

要想彻底防止货物丢失几乎是不太可能的，只能从各个细节入手，将这种事情发生的概率降到最低。

（1）选择正规快递公司。卖家在选择快递公司的时候，一定不要只图价格便宜，要选择正规、网点遍布全国的大快递公司。这样的公司快件收发量比较大，收发比较及时，快件不容易丢失，而且管理正规的公司，每个部门分工有序，不会出现因为公司管理混乱而造成包裹丢失。

（2）选择包裹单上条码清晰的快递公司。包裹单上的条码就是电脑识别的包裹编号，只有编号清晰，包裹才不容易被弄丢。有些快递公司使用的包裹单，上面的条码印得很不清楚，这就很容易被电脑读错数据，从而造成快件错寄或是丢失。

（3）包裹上面的邮寄地址一定要写清楚。有的卖家很潇洒，总喜欢使用连笔字书写邮寄地址。这样容易造成投递员误读，送错地址的情况。

（4）贵重物品要进行保价邮寄。有的卖家可能认为，将贵重物品交给大的快递公司就可以高枕无忧了。其实不然，没有人能保证大的快递公司就一定不会丢失。因此在邮寄贵重物品时，一定要进行保价，还要选择那些信誉好、丢失商品后索赔容易的公司。

（5）包装要结实。有些卖家在邮寄宝贝时，为了降低成本或是图省事，包装打得非常不结实，轻轻一碰就开，甚至商品有可能从包装里边轻易掉出来。

（6）提前提醒买家。寄出包裹之后，卖家要及时提醒买家在签收的时候小心验货，如果出现商品被偷梁换柱或者被损坏的现象，签收人要及时向总公司进行投诉，并拒绝签收，同时与卖家取得联系。

【开店小窍门】 注意保价时加收保险费

一些快递在收取保价金额的时候，会加收额外的保险费。保价的费用是保价金额的1%，最低100元起。也就是报100元，会收一元钱。但邮局有时候会收两元，其中一元就是所谓的"保险"。

所以买家们要想保价商品时，要嘱咐工作人员："只保价，不要保险"，否则，工作人员就会按照2%收取保价费，另外要保留好保价发票。

【技能训练】

活动：考察当当网和凡客诚品的商品配送服务。

活动目的：了解网店配送服务方式与特点。

活动器材：联网的计算机。

活动内容：

（1）登录当当网，了解其提供的配送服务及其收费标准。

（2）登录凡客诚品，了解其提供的配送服务及其收费标准。

（3）比较当当网和凡客诚品配送服务的相同点和不同点。

巩固 与 提高

一、单选题

1. 客户在购买时发现商品的颜色拍错了，客服应该（　　）。

　　A. 让其申请退款重拍

　　B. 投诉维权要求退款

　　C. 让淘宝小二介入处理

　　D. 让客服修改订单属性或在订单备注下填写提交仓库

2. 客户要求客服修改订单价格才付款，客服应该（　　）。

　　A. 直接帮客户修改订单，让客户付款

　　B. 告知客户，商城店铺是不议价的，没有办法修改订单

　　C. 直接不理会客户，爱买不买，客户又不是真正的上帝

　　D. 让客户多买就修改，不多买就不给修改

3．买家在店铺里拍下商品而且付款了，在客服发货前又想申请退款，买家（　　　）。

A．付款后三天内，卖家还没单击发货的，买家可以申请退款

B．付款以后就可以申请退款

C．不能申请退款，只有卖家点了发货之后，买家才能申请退款

D．拍下以后就可以申请退款

4．客服在遇见退换货订单时应该（　　　）。

A．一直跟客户聊天，推荐店铺宝贝和套餐

B．跟客户聊天，告知客户店铺的相关退换货规则和流程

C．首先查询客户订单，询问其是否和其他客服交流过，了解客户退换货原因，再告知客户退换货的相关流程和规则

D．跟客户交流，告知客户退换货规则及流程，并向客户推荐店铺的宝贝和套餐

5．客服在跟客户交流退换货问题时，对方不肯承担运费，客服应该（　　　）。

A．威胁客户让其承担运费

B．告知客户退换货的相关规则，跟客户协商运费问题

C．如果客户不承担运费，就不给办理退换货服务

D．让客户以到付方式寄回

6．网店进货过程中，同一价格区的商品，首先考虑商品的（　　　）。

A．品质　　　　　　　　　　　　B．价格

C．售后服务　　　　　　　　　　D．运输成本

7．为了不影响店铺动态评分，在客户服务过程中应重视服务态度，尽可能避免（　　　）。

A．交易纠纷　　　　　　　　　　B．退货

C．退款　　　　　　　　　　　　D．换货

8．在确定具体物流方式时，将（　　　）给第三方物流公司是跨国公司管理物流的通常做法。

A．物流外包　　　　　　　　　　B．邮政系统

C．物流半包　　　　　　　　　　D．配送业务

9．下列不属于快递公司的是（　　　）。

A．申通快递　　　　　　　　　　B．圆通快递

C．汇通快递　　　　　　　　　　D．EMS业务

10．物流配送流程的一般步骤是（　　　）。

A．订单处理—进货—储存—流通加工—分发—配装出货—送货

  B．订单处理—进货—储存—流通加工—分拣—配装出货—送货

  C．订单处理—进货—流通加工—分发—储存—配装出货—送货

  D．订单处理—进货—储存—分拣—流通加工—配装出货—送货

二、简答题

1．你认为作为一名合格的网店客服人员应该具备哪些素质？

2．淘宝客服的岗位职责及提供的服务有哪些？

3．网店订单管理的内容包括哪些？

4．简述与快递公司讲价的技巧。

5．简述防止货物丢失的措施。

第4章 网店客户服务与管理

【学习目标】

知识目标

1. 了解售前客户服务的主要内容。

2. 熟悉售前服务的沟通技巧。

3. 掌握售后服务技巧。

技能目标

1. 具备售前、售中和售后的客户服务技巧。

2. 能够恰当有效地接近潜在客户。

【引导案例】

　　小张的店铺前段时间有一位客户因使用化妆品后过敏要求退货。办理完退货后，这位客户还想选一套适合自己的化妆品。小张得知客户脸上过敏症状还未消除，便劝说道："您先不要着急，你的过敏症状一个星期后自己就能消失，如果你想快点好，可以吃两天扑尔敏。但在没有彻底好之前，我建议您不要用其他化妆品，以免造成二次伤害。"随后，小张又详细地给她介绍了产品的特性，并让她脸好了再来买，并承诺搞活动时给她打电话。

　　过几日正好是情人节活动的促销，小张马上把促销信息发给了她，客户听到搞活动很是兴奋，立即购买了一套近600元的化妆品礼盒，并感激地对小张说："我不相信别的店，要是在别的店，我脸过敏他们也得劝我买，但你就是不一样，你是以我的健康为主，其次才是卖货呀！我真是谢谢你啊！"

客户的一番话真挚朴实，也让小张从中感慨颇深，作为客服人员站在客户的角度为客户着想，这绝不是一句空话。只要你做到了，你会发现，你会赢得更多的客户、获得更大的收益。

问题：如果你是一位卖家，你会将新买家变成你忠实的客户吗？应该怎么做呢？

4.1 网店售前客户服务

4.1.1 网店售前服务的概念及其重要性

一个完整的销售流程包括售前服务、售中服务和售后服务三个部分。在当前市场环境下，售后服务被放到特别突出的位置，很少有人研究售前服务问题。事实上，售前服务在整个销售流程中也相当重要，不可忽视，在网上开店更是如此。在网络销售中，由于不能看到实物，要让客户在众多的商品中（包括实体店商品）选择自己的商品，就必须要和客户建立充分的信任关系，售前服务就显得特别重要。所谓售前服务，是指销售人员在接到需求信息之后，在形成正式销售合同之前的工作部分。

4.1.2 网店售前服务的内容

从服务的角度来说，售前服务是一种以交流信息、沟通感情、改善态度为中心的工作，是所有企业赢得客户良好印象的最初活动，所以企业的工作人员对待客户都应该热情主动、诚实可信、富有人情味。

为了做好网店售前服务工作，要从以下几个方面着手。

1. 接待客户

售前客服的第一项内容就是接待客户。客户之所以会进店，说明对产品有兴趣，而大多数订单的成交，都是因为客服把客户的兴趣变成了强烈的购买欲望。

接待的态度决定了客户对店铺的第一印象。因此，售前客服在和客户打招呼时，一定要礼貌热情，而且还要做到及时回答问题。

2. 解决客户的询问

客户询问店铺产品时，售前客服需要专业、准确地回答客户。如果客户提出问题后，售前客服支支吾吾地回答不清楚或者很久才给客户答案，这会显得客服素质不过关、不专业，势必会造成客户的流失。如果能够派几名有较高业务水平的人员为客户提供综合咨询服务，对客户购买则会有很大的帮助。

3. 推荐产品

当客户询问产品得到解答后，这时不管客户是否有购买意向，客服都要向客户推荐店铺其他产品，这可以大幅度提升店铺的客单价（也就是每一个客户平均购买商品的金额，即平均交易金额），带动店铺其他产品的销量。

4. 提供缺货提醒、到货提醒服务

对于那些缺货商品，客服要做好缺货登记，货物到货后及时以短信的方式提醒客户。

4.1.3 售前服务沟通技巧

1. 线上沟通技巧

1）打招呼的技巧——热情大方、回复快速

当买家询问"在吗"的时候，可以作答："亲，在的，正等您呢!很高兴为您服务!"要在买家咨询的第一时间，快速回复买家，因为买家买东西都会货比三家，可能同时和好几家联系，这时候谁第一时间回复，谁就抢占了先机。

2）询问的技巧——细致缜密

当买家询问店里的商品时，如果有的话，就跟买家介绍这个商品的优点。如果询问的商品已经没有了，可以这样回答："真是不好意思，这款卖完了，有刚到的其他新款，给您看一下吧。"不要直接进行否定回复，这个时候要做到，即使没有也让买家还想看看店里的其他商品，所以注意回答的技巧。

3）推荐的技巧——体现专业、精确推荐

客服："亲，让您久等了，这两款风格简洁、时尚，很受年轻人喜欢哦，这是链接地址。"这么回答既专业又准确，是在用心地为他挑选合适的商品，而不是单纯为了商业利益。

4）议价的技巧——以退为进、促成交易

如果买家想议价的话，可以通过其他方式拒绝，比如赠送小礼品。会让买家觉得就算没有讲下价来，心理上也会有被补偿的感觉。注意，当话语很长的时候，不要一次性打这么多字，因为买家等久了，可能就没有耐心了。可以一行为一段，打完就发出去，再继续打，这样不会让买家等太久。这个时候买家说贵的话，顺着买家的意思，承认他们说的话，但是委婉地告诉买家物有所值，一分钱一分货，引导买家综合考虑，不要只看商品的价格，还要看品质、包装、品牌、售后等，这样的话，大部分买家都会比较满意。

5）核实的技巧

买家付款后，需要卖家把订单信息发给对方，让其确认，避免出错，这样就会减少快递无法送到的问题，也给客户留下认真负责的印象。

6）道别的技巧

成交的情况下："谢谢您的惠顾，您就等着收货吧，合作愉快，就不打扰您了。"在没有成交的情况下，也要客气地回答。

7）跟进的技巧——视为成交，及时沟通

对于宝贝被拍下但是还没有付款的情况，要做到及时跟进，可以根据旺旺或订单信息联系买家。在此要注意联系方式，如果打电话过去被挂掉是很正常的，因为买家可能在开会或正在工作，可以发短信确认一下，不要直接问对方买还是不买。

2. 电话交流中的注意事项

很多年长的客户由于打字不是很熟练，或是不信任网络的原因，仍习惯传统的电话交流。作为卖家，除了使用阿里旺旺等软件，平时也要留意与客户在电话交流时的一些注意事项。

1）接电话的技巧

卖家首先要确保在店铺里公布的电话号码或手机号码能够随时联系到自己，一般愿意主动打电话询问宝贝信息的客户，其购买的意愿也是比较大的。在与客户进行电话交流的时候需要注意以下细节。

（1）电话铃响后，应尽快接听，不要故意拖延。如果有条件最好设一台店铺专用电话。接通电话后，可以自报家门："您好，这里是某某小店，请问您怎么称呼？"语气要明快、客气、落落大方。

（2）接通电话后要第一时间确认对方的身份和需求，并进行记录，确保下次接到这个客户的电话时能第一时间说出对方的称呼，让客户感受到对他的重视。

（3）电话附近应该放置纸和笔，接听电话的时候可以随时将谈话的要点记录下来，便于通话结束后及时处理。

（4）对于没听懂的地方，不能含糊不清，可以礼貌地要求对方复述："不好意思，王先生，请您再说一遍好吗？刚才听得不是很清楚。"

（5）遇到不确定的问题时，千万不能随便向客户承诺，可以对客户说："这个问题我还要去确认一下，等确认好了再给您回复好吗？"一般客户都愿意接受这样的回答，既表明了对客户的负责，也为再次联系做了铺垫。

（6）在结束通话前将本次通话的要点复述并确认："王先生，我再重复一遍，您的要求主要是……是这样吗?"

（7）通话结束后要等对方先挂断电话。

2）打电话的技巧

解决了上次电话中客户留下的问题后，卖家可以主动打电话给客户，在给客户打电话时需要注意以下几个细节。

（1）接通电话后首先向客户问好并自报家门，对占用对方的时间表示歉意，这样不会让对方感觉不适。

（2）根据客户是以公司身份还是以个人身份购买宝贝来确定给客户打电话的时间。公务电话避免在客户节假日、休息时间和用餐时间联系，私人电话最好避开对方的上班时间。要尽量避免在早上八点之前、晚上九点之后主动联系客户，以免影响客户休息。

（3）给客户打电话前要准备好需要表述的内容和要点，要长话短说、言简意赅，不要占用客户太多时间。

【开店小窍门】　　　　　**赞美买家促成交易的技巧**

适当地赞美买家。赞美客户需要一定的技巧，如果是新客户，不要轻易赞美，只要礼貌即可；如果要赞美别人，一定要从具体的事情、问题、细节等层面赞美，如可以赞美其问题提得专业或者看问题比较深入等；客户购买产品后，也要通过赞美来坚定客户购买的信心；赞美要有针对性，有针对性的赞美比一般化的赞美能收到更好效果；最后赞美要基于事实，虽然人人都爱听赞美，但并非任何溢美之词都能使对方高兴，基于事实、发自内心的赞美，更能赢得客户的认可。

【技能训练】

活动：考察某网店的售前服务。

活动目的：了解网店售前服务的方式和内容。

活动内容：

（1）教师事先联系好参观网店或约谈的网店主管。

（2）学生事先准备好网店售前服务的一些问题。

4.2 网店售后服务

4.2.1 网上购物售后服务

与传统商务一样，电子商务也需要售后客户服务。售后服务，是指生产企业、经销商把产品（或服务）销售给客户之后，为客户提供的一系列服务。

1）售后服务的内容

（1）代为客户安装、调试产品。

（2）根据客户的要求，进行商品使用方法等方面的技术指导。

（3）保证维修零配件的供应。

（4）负责维修服务。

（5）对产品实行"三包"，即包修、包换、包退（现在许多人认为产品售后服务就是"三包"，这是一种狭义的理解）。

（6）处理客户的来信、来访，解答客户的疑问。同时用各种方式征集客户对产品质量的意见，并根据情况及时改进。

2）售后服务的形式

（1）网站留言服务。网站留言服务是最常见的网店店主服务客户的一种方式，一般C2C网上开店平台都提供留言功能，解决了买卖双方不能进行即时沟通的难题。

（2）电话服务。电话服务是除上门服务外，最直接、快速的一种买卖双方的沟通方式。卖家在电话中解答客户问题的语气态度、描述商品的专业知识等，会直接关系到交易的成交与否。

（3）网上即时服务。国内卖家使用较多的网上即时通信工具主要有QQ、阿里旺旺、微信、公众号留言等，其主要特点是使买卖双方能够做到一对一即时沟通。

（4）电子邮件服务。适合有较多信息要交流但又不方便时时刻刻挂在网上的买卖双方使用。同时，许多国外卖家喜欢用电子邮件方式与国内买家沟通，因此拥有一个比较稳定的电子邮箱地址是必要的。

4.2.2 完善的售后服务（以淘宝网为例）

当今市场竞争日趋激烈，随着客户维权意识的提高和消费观念的变化，客户在选购产品时，不仅关注产品本身的价值，在同类产品质量和价格相似的情况下，更加重视产品的售后服务。淘宝店铺在提供价廉物美的产品的同时，能否向客户提供完善的售后服务，已成为网店能否在竞争中脱颖而出的关键。

由于网络的虚拟化，商品的实际品质以及商家的售后服务成了客户最大的顾虑，加入"客户保障服务"的店铺逐渐成为买家购物的首选。

1. 了解"客户保障服务"

"客户保障服务"是淘宝网在2007年3月发起的，是继信用评价体系、第三方支付工具之后，中国网络购物领域又一个构筑网购诚信、提升客户体验的工具。

目前，"客户保障服务"推出的服务有以下几种。

1)"先行赔付"服务

"先行赔付"是"客户保障服务"中的基础服务项目。当淘宝网的买家与签订"客户保障服务协议"的卖家通过支付宝进行交易后，如果因该交易导致买家权益受损，且在买家直接要求卖家处理未果的情况下，买家有权在交易成功后14天内按照淘宝网及支付宝的相关规则（含"先行赔付"服务规则）向淘宝网发起对卖家的投诉，并提出赔付申请。

2)"假一赔三"服务

当买家使用支付宝购买支持"假一赔三"服务的商品后，在交易成功后14天内，如果买家认为该商品为假货，且在买家直接与卖家协商退换货未果的前提下，买家有权按"假一赔三"服务规则向淘宝网发起对该卖家的投诉，并申请"假一赔三"的赔付。

3)"7天无理由退换货"服务

当买家使用支付宝购买支持"7天无理由退换货"服务的商品，在签收货物（以物流签收单上的时间为准）后7天内（如有准确签收时间的，以该签收时间后的168小时为7天；如签收时间仅有日期的，以该日后的第二天零时起计算时间，满168小时为7天），如果因买家主观原因不愿完成本次交易，卖家有义务向买家提供退换货服务；如果卖家没有履行其义务，则买家有权按照"7天无理由退换货"服务规则向淘宝网发起对该卖家的投诉，并申请"7天无理由退换货"赔付。

4)"虚拟商品闪电发货"服务

目前支持"虚拟商品闪电发货"赔付申请的类目为"网络游戏虚拟商品交易区和移动／联通／小灵通充值中心"。

当买家使用支付宝购买支持"虚拟商品闪电发货"服务的商品，在买家付款到支付宝后，如卖家没有及时发货，且在买家直接与卖家协商赔付未果的情况下，买家有权按照"虚拟商品闪电发货"服务规则向淘宝网发起对该卖家的投诉，并申请"虚拟商品闪电发货"赔付。

5）"数码与家电30天维修"服务

当买家使用支付宝购买支持"数码与家电30天维修"服务的商品，在交易成功后30天内，卖家应向买家无条件提供免费维修服务。否则，买家有权在确认卖家不提供该服务后的15天内，按本规则向淘宝网提出对该卖家的投诉，并在符合本规则有关规定的情况下，且在本规则保证金有剩余的前提下，淘宝网使用剩余保证金按本规则解决投诉。

2. 申请加入"客户保障服务"

"客户保障服务"是淘宝网推出的旨在保障网络交易中客户合法权益的服务体系。"先行赔付"是其中的基础服务，是卖家加入"客户保障服务"的必选项。"7天无理由退换货""假一赔三""虚拟商品闪电发货""数码与家电30天维修"等都是其中的服务之一，由卖家自行选择加入。

申请加入"客户保障服务"的店铺在通过淘宝网的资格审核后，需要缴纳一定的保证金。如果卖家无法履行自己申请的服务承诺，买家有权按照服务规则向淘宝网发起投诉，淘宝网会依照相应的规则进行投诉及赔付申请处理。

目前，除了QQ专区、成人用品／避孕用品／情趣内衣的卖家，好评率达到97%及以上的卖家，均可申请加入"客户保障服务"。

3. 保证金缴存标准

相关"客户保障服务"的保证金因卖家参加的店铺类目的不同而有所区别。

4. 退出"客户保障服务"

退出"客户保障服务"后，卖家店铺的"客户保障服务"标志将被取消，如果协议期内用户未有违反淘宝各项规则的行为，且至协议终止3个月内，用户未受到任何第三方投诉或发生交易纠纷，则淘宝网将在上述期满后的10个工作日内向支付宝公司发出指令，解除对保证金的冻结。

5. 制定适合自己的退货和换货政策

"客户保障服务"是对买家的一种保障，同时也是卖家长期经营的保证。但是，是否参加"客户保障服务"并不是衡量一个卖家能否做好售后服务的唯一标准，只有提供优质的售后服务，销售才会稳步上升。

产品的售后服务一般分为生产厂商直接提供的和经销商提供的两种，但现在越来越多行业的售后服务开始倾向于以厂家、商家合作的方式展现给客户。

结合"客户保障服务"可以了解到售后服务主要涉及退货、换货以及家电的保修服务。针对这些服务，卖家在制定自己的售后服务政策时可以参考以下内容。

（1）首先需要与供应商或者厂家进行协商，要求他们提供相应的关于退货、换货以及保修等服务支持。

（2）在与买家沟通时需要了解买家的确切需求，避免因为误会而产生退货的情况。

（3）由于网络的特殊性，买家对宝贝的了解往往会存在一定局限性，在不影响二次销售的情况下，卖家应尽量提供退货服务，人性化的经营往往会带来更好的客户反馈。

【开店小窍门】　　　　　确定客服人员薪水待遇的窍门

客服人员的薪水一定要与销售额或销售量挂钩，千万不能是固定的工资，否则员工肯定没有积极性，而且很容易觉得收入与工作强度不成比例，万一掌握店铺的资料，辞职后成为竞争对手，那真的很危险。客服人员的合理薪水结构应该是"底薪＋提成＋奖励－处罚"。底薪需要根据当地的消费水平来定，因为某地消费水平最能反映当地的经济发展情况。制定底薪前把当地常见的服务行业的工资标准都了解一下。另外不要只针对个人销售额进行提成。如果有两个以上客服的话，单一按个人销售额提成，他们会各忙各的，很难推心置腹地互相帮助。当一个客服出现问题时另一个客服会置之不理。

【技能训练】

活动：考察当当网、苏宁易购的售后服务。

活动目的：了解网店售后客户服务。

活动器材：联网的计算机。

活动内容：

（1）在线了解当当网提供的售后服务。

（2）比较当当网和苏宁易购的售后服务的不同点。

（3）完成网店售后客户服务考察报告。

巩固 与 提高

一、单选题

1. 要想获知来店客户感兴趣的宝贝，可以通过（　　　）。

　　A. 查看旺旺对话框中客户当前浏览的宝贝

　　B. 查找客户的访问轨迹

　　C. 对客户访问轨迹进行跟踪，查看其浏览宝贝频次

　　D. 以上答案皆正确

2. 跟客户在线谈判的中心内容是（　　）。

    A. 付款方式   B. 包装方式

    C. 议价   D. 发货期

3. 只能通过客户关系管理工具来进行的营销方式是（　　）。

    A. 电话回访   B. 短信营销

    C. 电子邮件营销   D. SNS营销

4. 网络客户服务最大的优势在于（　　）。

    A. 价格非常低廉，效果更佳

    B. 能够轻松打败竞争对手

    C. 能够与客户建立起持久的一对一服务关系

    D. 信息传递的及时性

5. 不属于客户服务售后服务的是（　　）。

    A. 客户跟踪服务   B. 产品使用培训

    C. 产品使用说明   D. 产品或服务设计

6. 不属于电话服务禁语的是（　　）。

    A. 我不能   B. 对不起

    C. 我不会做   D. 但是

7. 客服在登记客户信息时，首先要（　　）。

    A. 按照客户特性将客户群分成各种级别

    B. 区分行业或人群、环境、反馈进行客户服务和信息收集

    C. 对客户信息的内容、可信度、使用价值等做出初步分析

    D. 进行登记表的格式、内容和命名规范

8. 作为一名客服人员，有客户问："我身高162，体重49，这件T恤（普通款）哪个尺码适合我呢？"最佳的回复是（　　）。

    A. 亲，个人建议S码，如果您不放心可以具体看下详细的尺码表

    B. 亲，您的身材很不错，这件T恤您穿S码会合适一些，小码比较显身材。但如果您平时喜好宽松一些可以选择M码

    C. 亲，个人觉得你还是自己选择吧，因为您最了解自己的身材

    D. 亲，您好瘦啊，穿什么码的都合适

9. 在购物的过程中，经常会有客户问卖家关于食品保鲜期、药品副作用、电器用具漏电等方面的问题。在卖家解说后，才能放心地购买。这体现了客户的（　　）。

    A. 安全心理   B. 疑虑心理

C．求实心理　　　　　　　　　　　D．个性化消费心理

10．如果客户说："衣服穿着不合身，怎么办？"作为一名售后客服你该回答（　　）。

A．亲，这款衣服我们的设计师根据轻盈、凉爽的理念设计的，所以拿在手上是会有比较薄比较纤柔的感觉，但是亲穿在身上可是会很舒适的

B．您好！请问是什么地方不满意呢？您告诉我们，我们会尽全力为您解决的

C．亲，如果衣服实在穿着不合身的话我们是可以为您提供退换服务的，您先了解一下我们的退换货须知噢（发退换货须知截图或文字）

D．亲，您先别着急！您的衣服从××（城市名）发到××（城市名）需要大概5～7天的时间，预计您在×天内就能收到您的衣服了

二、简答题

1．什么是网店客服？

2．网上与客户沟通的原则是什么？

3．如何做好售前服务沟通技巧？

4．如何做好客服工作？

5．作为一名淘宝客服应该掌握哪些知识？

第 **5** 章
网店运营工具的运用

【 学习目标 】

知识目标

1. 熟练使用千牛的常用功能。
2. 熟练使用淘宝助理的常用功能。

技能目标

1. 能够利用千牛软件进行网店管理。
2. 能够使用淘宝助理发布和管理商品。

【 引导案例 】

千牛为阿里巴巴官方出品的卖家一站式工作台，分为电脑和手机两个版本，其核心是为卖家整合店铺管理工具、经营资讯消息、商业伙伴关系，借此提升卖家的经营效率，促进彼此间的合作共赢，让卖家可以更加便捷和高效地管理店铺，使其做生意游刃有余。

对卖家特别是中小卖家而言，千牛最方便的是随时随地做生意。卖家可以在千牛上下架商品，用旺旺聊天接待会员，手机上直接改价，方便查看会员资料，监控店铺数据；而对大卖家来说，由于千牛集成了子账号体系，不同角色的子账号在千牛上都可以使用自己被授权范围内的功能。

问题：千牛工作台在店铺管理上有哪些优势？

5.1　在线沟通工具千牛工作台

5.1.1　登录千牛

在淘宝开店的卖家，每天首先要做的事情就是登录千牛，与买家交流，进行交易管理。

千牛软件是淘宝网为店主量身定做的免费网上商务沟通软件。它能帮助商家轻松联系客户，发布、管理商业信息，及时把握商机，随时洽谈生意。

具体操作步骤如下。

（1）在桌面上双击安装好的千牛软件，即可启动千牛软件，如图5-1所示。

图5-1　启动千牛软件

（2）输入用户名和密码，单击"登录"按钮，即可成功登录千牛，如图5-2所示。

图5-2　登录千牛

5.1.2 千牛的系统设置

千牛集成的阿里旺旺插件是卖家每天使用最多的功能。除了阿里旺旺外，千牛还集成了卖家的各种常用工具。目前，每天通过千牛，有12万卖家处理订单，有6万卖家查看商品，分别有2万多卖家管理直通车、查看店铺数据等。

千牛的系统设置的具体操作步骤如下。

（1）登录千牛以后，单击右上角的"系统设置"按钮，如图5-3所示。

图5-3　单击"系统设置"

（2）打开"系统设置"对话框，在这里可以根据需要设置相关信息，如图5-4所示。

图5-4　"系统设置"对话框

5.1.3 千牛的分组功能

很多卖家的旺旺上有很多人，但是没有管理，显得杂乱无章，旺旺的店主有了促销活动就全部群发，或许这样的方法也能招徕一些买家，但是这种方式也很容易招致买家的反感，一不小心还会被投诉禁用，很不划算。

千牛分组功能的具体操作步骤如下。

（1）登录千牛，单击左侧的"客户运营"，进入"客户运营平台"，如图5-5所示。

图5-5　进入"客户运营平台"

（2）单击"分组管理"，可以新增分组，如图5-6所示。

图5-6　新建分组

5.1.4　设置千牛自动回复

一定要利用千牛的自动回复功能，无论卖家在不在电脑前，都要设置自动回复，这样客户就可以第一时间收到卖家的回复。淘宝新规则里，旺旺的回复速度也是参考之一。要给客户的第一感觉是服务的迅速和专业。如果卖家不在线或比较忙时，可以设置好快捷语。这样设置以后，不用几秒钟就可以回复客户，给客户的感觉是非常专业的。

设置千牛自动回复的具体操作步骤如下。

（1）登录千牛，单击右边的"系统设置"按钮，打开"系统设置"对话框，单击"客服设置"下的"自动回复设置"，如图5-7所示。

图5-7 "自动回复设置"页面

（2）勾选"当天第一次收到买家消息时自动回复"，单击右边的"新增"按钮，在"新增自动回复"对话框中输入自动回复的文本内容，如图5-8所示。

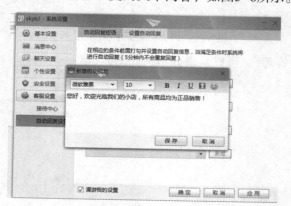

图5-8 "新增自动回复"页面

（3）单击"保存"按钮，添加自动回复内容，如图5-9所示。

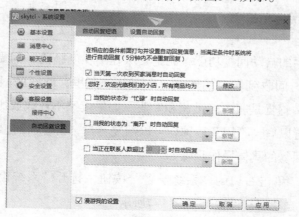

图5-9 添加自动回复内容

（4）同样输入其余的自动回复的文本内容，如图5-10所示。

图5-10　设置自动回复内容

5.1.5　巧用千牛群推广

相信很多新手卖家都试过利用旺旺群推广店铺。到处找群加群，发店铺链接，发宝贝链接，但真正的效果却不尽如人意，有时还会引起公愤。想要合理利用旺旺群，卖家可以经常和群友们聊天沟通，让大家慢慢地认识自己，接受自己。这样大家就会去卖家的店铺乃至空间看看，起到了宣传作用。

当卖家的旺旺达到一定等级时，就可以建立自己的群了。这就需要卖家有一定的沟通和召集能力，以及充足的时间来打理。

具体操作步骤如下。

（1）单击主界面上的"我的群"标签，就可以看到启用群的群，如图5-11所示。

图5-11　启用群的群

（2）双击启用群，就会弹出"启用群"对话框，在这里输入群名称及分类，如图5-12所示。

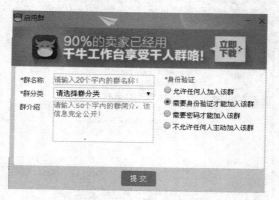

图5-12 "启用群"对话框

（3）单击"提交"按钮，即可开通该旺旺群，如图5-13所示。单击"完成"按钮，群即创建成功。

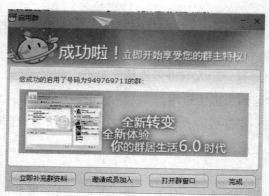

图5-13 开通旺旺群

（4）单击"邀请成员加入"按钮，打开"群管理"对话框，单击左侧的 邀请好友加入本群，如图5-14所示。

图5-14 邀请成员加群

（5）单击"确定"按钮，即可完成开通旺旺群，如图5-15所示。

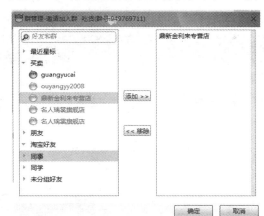

图5-15　开通旺旺群

5.1.6　利用千牛状态信息为店铺做广告

如果卖家不特别设置千牛的状态，一般默认为"我有空"或者"机器闲置"。而经过设置以后，卖家的状态就会变成具有宣传效果的标语。很多卖家运用自定义状态来宣传店铺的优惠活动或热销商品，这在很大程度上增加了店铺的访问量，进而提高了商品的销售量，是推广店铺的一条捷径。

设置千牛状态信息的具体操作步骤如下。

（1）登录千牛，单击右边的"系统设置"按钮，进入"系统设置"对话框，选择左侧"个性设置"下的"个性签名"选项，在右侧出现"个性签名设置"文本框，如图5-16所示。

图5-16　"个性签名设置"文本框

（2）单击"新增"按钮，在"新增个性签名"对话框中，输入想要显示的自定义状态，如图5-17所示。

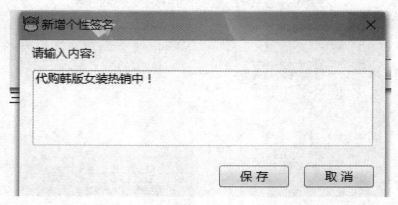

图5-17 "新增个性签名"对话框

（3）单击底部的"保存"按钮，"系统设置"对话框中的"个性签名设置"信息栏中将显示刚才设置的自定义状态，单击底部的"确定"按钮，个性签名设置成功，如图5-18所示。

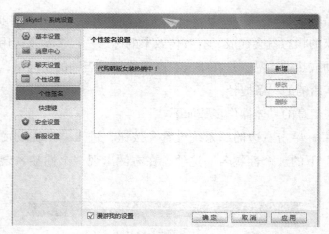

图5-18 成功设置个性签名

【开店小窍门】 千牛工作台使用技巧

千牛工作台作为卖家版旺旺的升级版，是淘宝客服必备的工具，可实现客服接待、店铺管理等功能。

1. 客服转接功能

遇到不属于自己的问题时，把客户转给其他客服接待。转接方法就是单击转接按钮（聊天框左上角），然后选择团队成员并转出，团队成员接受转进客户。

2．智能回复

客服一增多，光靠提升打字速度是不够的，还要掌握千牛工具的智能回复功能，包括设置自动回复、设置千牛机器人。

（1）设置自动回复。单击"设置"按钮，选择"自动回复设置"。客服每日会遇到很多类似提问，把这些问题的答案设成快捷回复，就可以节省很多打字和思考的时间。

（2）设置千牛机器人。半自动机器人对于有预存答案的问题，机器人自行回复；对于无预存答案的问题，机器人会提示本账号回复。全自动机器人对于有预存答案的问题，机器人自行回复；对于无预存答案的问题，机器人转交其他客服账号受理。

【技能训练】

活动：熟悉千牛工作台的常用功能。

活动目的：使用千牛工作台进行用户管理。

活动器材：联网的计算机。

活动内容：

（1）熟练使用千牛工作台进行客户分组管理。

（2）熟练使用千牛工作台进行商品促销和推广。

5.2　使用淘宝助理批量发布宝贝

5.2.1　上传宝贝

淘宝助理是淘宝网推出的一款帮助淘宝卖家经营店铺的自动化协同工具，主要用于商品宝贝的发布和管理。创建宝贝操作也很简单，创建编辑完宝贝后，可以一次性将它们全都上传到淘宝网站上，新建的宝贝将作为新宝贝出现在店铺中，而修改的宝贝将更新现有店铺中的宝贝信息。

利用淘宝助理上传宝贝，具体操作步骤如下。

（1）在桌面上找到已经安装好的淘宝助理软件，双击启动淘宝助理，输入会员名和密码，登录淘宝助理，如图5-19所示。

图5-19　登录淘宝助理

（2）单击导航菜单中的"宝贝管理"按钮，在"创建宝贝"页面填写基本信息，如图5-20所示。

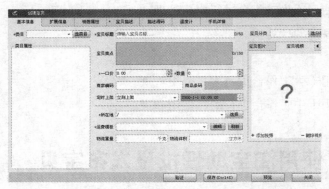

图5-20　"创建宝贝"页面

（3）单击类目后面的"选类目"按钮，在"选择类目"对话框中，选择合适的类目，如图5-21所示。

图5-21　选择类目

（4）单击"确定"按钮，添加类目，设置相关类目属性，如图5-22所示。

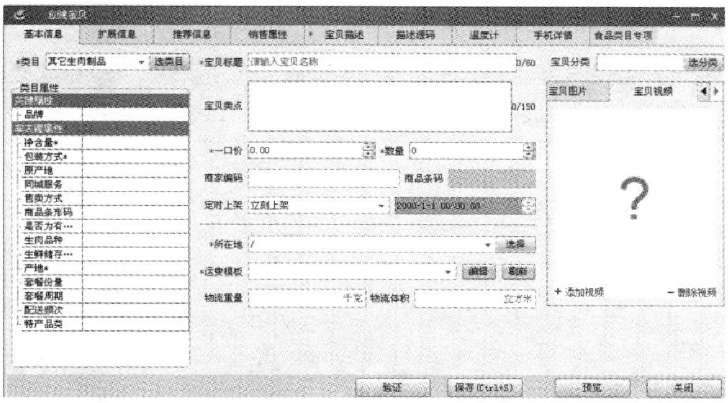

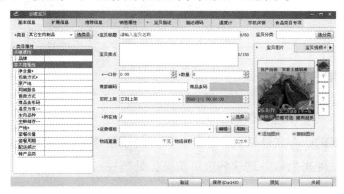

图5-22　设置类目属性

（5）单击"宝贝图片"下面的"添加图片"超链接，在本地文件中选择图片文件，单击底部的"插入"按钮，即可成功添加图片，如图5-23所示。

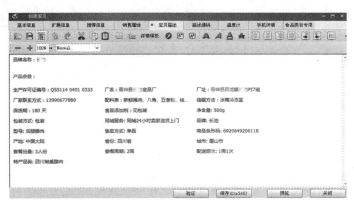

图5-23　添加图片

（6）单击"宝贝描述"导航，打开"宝贝描述"对话框，输入宝贝描述信息，如图5-24所示。

图5-24　输入宝贝描述

（7）单击"销售属性"导航按钮，设置其属性，单击"保存并上传"按钮，选择要上传的宝贝，成功上传宝贝，如图5-25所示。

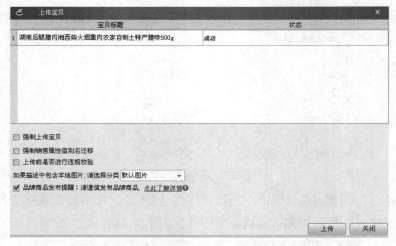

图5-25　成功上传宝贝

5.2.2　导出到CSV文件

如果卖家觉得淘宝助理提供的编辑功能还不能满足一些特殊编辑需要，还可以将宝贝批量导出成标准的CSV文件格式，这样，可以使用微软的Excel或者其他编辑工具，甚至是自己开发的软件来批量处理这些宝贝信息，处理完成后还可以导回到淘宝助理中。

具体操作步骤如下。

（1）登录淘宝助理，单击"导出宝贝管理"超链接，打开"宝贝管理"页面，勾选宝贝，单击"导出勾选宝贝"超链接，如图5-26所示。

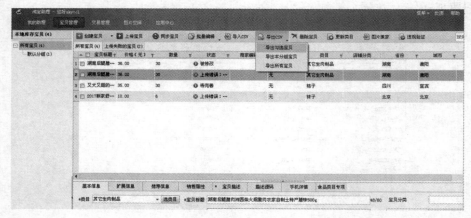

图5-26　单击"导出勾选宝贝"超链接

（2）打开"保存"对话框，选择要存储的位置，单击"保存"按钮，即可成功保存CSV文件，如图5-27所示。

图5-27　成功导出宝贝

5.2.3　导入数据包并上传

为了保护卖家的数据在发生意外时不丢失，可以将宝贝数据导出到一个备份文件，保存到安全的地方，在需要的时候，如磁盘损坏后，可以将这些宝贝数据原封不动地重新导入到淘宝助理中。

具体操作步骤如下。

（1）登录淘宝助理，单击"宝贝管理"超链接，打开"宝贝管理"页面，勾选宝贝，如图5-28所示。

图5-28　单击"勾选宝贝"超链接

（2）单击"导入CSV"超链接，选择CSV存储的位置，即可成功导入CSV，如图5-29所示。

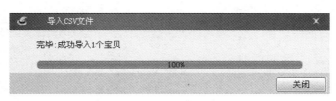

图5-29　成功导入CSV

5.2.4 保存为模板

为了让自己的店铺看起来更专业，卖家要用心做每件事。在发布宝贝的时候，对每件宝贝的描述要做到全面、详细，在版式上也要保持一致，这样才会给买家留下好的印象。有些卖家会找专业的设计公司制作模板，格式统一且漂亮。在淘宝助理中使用这种专业的模板更是事半功倍。

模板的创建具体操作步骤如下。

（1）登录淘宝助理，单击"宝贝管理"—"创建模板"按钮，输入基本信息，如图5-30所示。

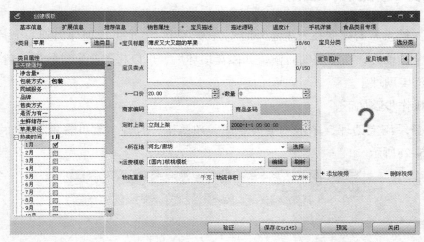

图5-30 "创建模板"对话框

（2）选择合适的类目和添加图片文件，如图5-31所示。

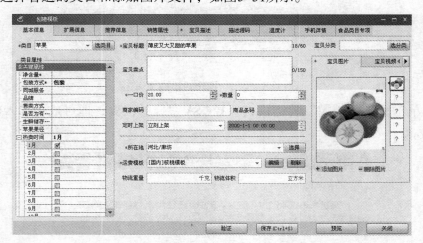

图5-31 选择类目和添加图片

（3）单击"宝贝描述"导航按钮，设置宝贝描述参数，如图5-32所示。

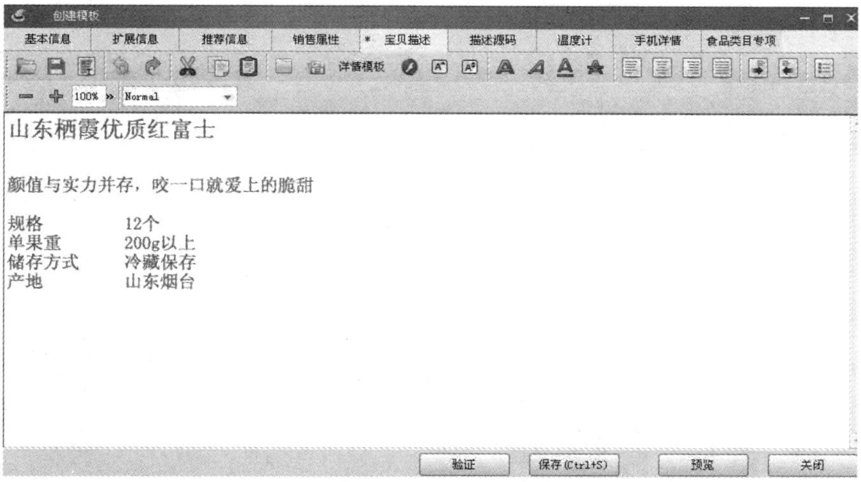

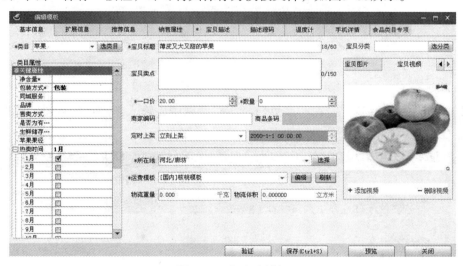

图5-32　设置宝贝描述

（4）单击"保存"按钮，即可将其保存为模板文件，如图5-33所示。

图5-33　保存为模板

5.2.5　批量修改宝贝信息

淘宝助理具有非常强大的功能，可以灵活而快捷地一次性编辑大量的宝贝。批量编辑宝贝，对宝贝描述、类目、属性全新改版，为卖家节省宝贵的时间。

操作步骤如下。

（1）登录淘宝助理，单击"出售中的宝贝"超链接，勾选多个宝贝，如图5-34所示。

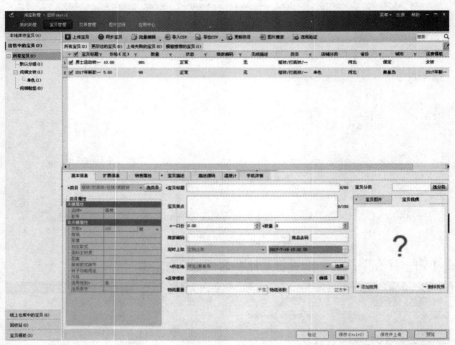

图5-34　单击"出售中的宝贝"超链接

（2）单击"批量编辑"，在"宝贝数量"对话框中，输入新添加的数量，如图5-35所示。

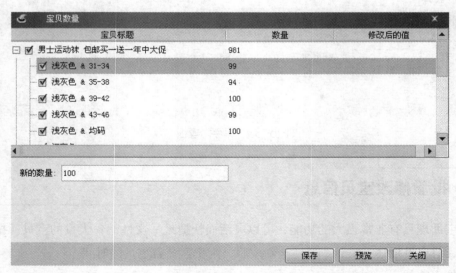

图5-35　输入新的数量

（3）单击"保存"按钮，即可对选中的宝贝批量增加数量，如图5-36所示。

图5-36　批量添加数量

【开店小窍门】　　　　　使用淘宝助理批量打印快递单

（1）首先打开淘宝助理，打印快递单必须设置一个快递模板。选择交易管理—模板管理。

（2）选择一个发货的快递，设置模板。在快递单上可以选择显示的内容除了收发件人信息外，还可以显示订单信息、买家留言等。在右侧的工具栏里都可以添加，也可以选择性地精简，设置完成后一定记得保存。

（3）模板设置完成后，开始下载需要发货的订单。单击下载订单的下拉小箭头选择全量下载，然后选择订单成交的时间，单击下载，这个需要等待一段时间。

（4）订单下载完成后，查看所有待发货订单，选中需要发货的订单，单击打印快递单，选择你的快递模板和快递公司，然后输入第一张快递单号，就可以开始批量打印了。

【技能训练】

活动：设置宝贝定时上架。

活动目的：使用淘宝助理设置宝贝定时上架。

活动器材：联网的计算机。

活动内容：

（1）选择淘宝助理的"仓库里面的宝贝"，再单击"批量编辑"—"上架处理"。

（2）进入定时发布页面，选择发布时间和间隔时间，间隔时间可以选天、小时、分钟，然后单击"保存"按钮返回。

巩固 与 提高

一、单选题

1. 以下软件不能够查询快递物流信息的有（   ）。

    A. 钱盾   B. 阿里旺旺

    C. 千牛   D. 支付宝

2. 下面不是淘宝助理具有的功能的是（   ）。

    A. 批量下载宝贝   B. 图片搬家

    C. 退款   D. 批量上传宝贝

3. 能在数秒内建立专业的宝贝销售页面，一次性快速成批上传大量宝贝，帮助卖家离线编辑和管理商品信息的是（   ）。

    A. 我的淘宝   B. 淘宝助理

    C. 淘宝旺铺   D. 千牛工作台

4. 在淘宝助理里新建成功的宝贝将会放在（   ）目录中。

    A. 宝贝模板   B. 库存宝贝

    C. 出售中的宝贝   D. 运费模板

5. 下列不是淘宝网的商城店铺的是（   ）。

    A. 品牌旗舰店   B. 品牌专营店

    C. 品牌直销店   D. 品牌专卖店

6. 千牛工作台常用功能包括（   ）、店铺管理、货源中心、营销中心。

    A. 宝贝管理   B. 客服中心

    C. 批量上传   D. 退换货管理

7. 淘宝网在2013年为卖家推出的集店铺管理和即时聊天为一体的工具是（   ）。

    A. 旺旺   B. 微淘

    C. 旺信   D. 千牛

8．从技术角度看，网上支付至少需要四个方面的组件。其中不是网上支付必要条件的是（　　　）。

  A．电子钱包   B．支付网关   C．安全认证   D．商户系统

9．用来围绕特定的话题展开讨论的在线平台是（　　　）。

  A．千牛   B．社交网络   C．博客   D．论坛

二、简答题

1．利用淘宝助理上传图片错误，解决方式有哪些？

2．淘宝助理具有哪些功能？

3．千牛工作台具有哪些功能？

第2篇

推 广 篇

第**6**章

淘宝店铺外的推广与宣传

【学习目标】

知识目标

1. 了解网店推广的各种方法。

2. 熟练使用搜索引擎进行网店推广。

3. 掌握常用的网店推广的技巧。

4. 熟练利用微博和微信进行网店推广。

技能目标

1. 能够运用搜索引擎进行网店和商品的推广。

2. 能够运用QQ、微信、博客、微博等平台进行网店推广。

【引导案例】

　　小李是一名电子商务专业毕业的大学生，由于课外时间比较自由，小李自己开了一家经营户外用品的网店。一方面可以通过网店经营掌握专业知识、积累经验；另一方面也可以赚一些零花钱，提高生活水平。可是网店开了一个月了，始终没有订单，小李非常烦恼。为此小李请教了经营网店多年的师兄。师兄告诉小李，如果想要店铺有订单，只把网店开起来是远远不够的，还需要对网店进行推广。明确了网店的状况后，小李决定首先对店铺的推广方式进行初步的了解，然后熟悉具体的操作方法及推广效果。

　　问题：应该采用哪些手段和方法进行网店推广呢？哪些推广方法是免费的？

6.1　网店推广的重要性

6.1.1　什么是网店推广

在传统的卖方市场下，只要商品质量过硬，就会有人购买。但进入市场经济之后，随着大批量商品的生产和市场种类的细分，客户也有了更多的选择。同一类产品，甚至同一种商品的销售和经营，都要采取多种方法进行推广，这样才能够使得客户在第一时间接触到商品，并最终选择购买。

网店推广就是运用一定的媒介，有计划地进行网店广告传播活动，简单来说就是要让客户"知道我们"。推广的方式多种多样，可以先免费推广，再付费推广；先找到流量入口的优势位置，优化好转化率以后，再开始付费推广。这样花钱才会出效果，淘宝推广的效果，就是让商品的自然排名在类目搜索或者关键词搜索前几名的位置，排名靠前的商品越多，推广做得越成功。

中小卖家想做大，大卖家想做强，网店商家想迅速打开品牌知名度。对于很多新开店铺或者中小卖家来说，想迅速打开销路，推广是网上开店必须学习的入门课程。

6.1.2　网店推广的重要性

网店推广就是指通过各种宣传方式让更多网民打开卖家的网店、认识卖家的产品并产生购买的过程。

1. 提高网店的流量和成交量

推广会带来更多的流量，有了流量才有成交量。一个每天只有几个流量的网店和一个每天有上万个流量的网店，其成交量肯定有着天壤之别。可以说，在其他因素一样的前提下，流量和成交量是成正比的。

2. 挖掘更多潜在客户

持续的推广可以挖掘更多的潜在客户。推广的意义不仅是直接带来店铺的销量，更重要的意义在于吸引更多人关注卖家的产品和店铺。

这和电视广告的作用类似。或许卖家的广告第一次出现的时候，很多人都记不住，但如果卖家的广告总是持续不断地出现，就会在受众的心里留下印象。当某天客户需要这个产品的时候，他可能第一个想到的就是记忆中的产品或店铺，或当他再一次看到广告时，很快就下了购买的决心。

3. 培养回头客

推广也是不断刺激老客户购买的过程。保持和老客户的联系，周期性地给他们发促销活动信息。老客户比新客户更容易被打动，更容易培养他们的忠诚度。发掘一个老客户的成本比发掘一个新客户的成本要低得多。

为什么信誉越高的店铺，其生意越好？很大一部分原因在于它们都拥有一批忠诚的客户。店铺信誉高的重要性并不在于它积累了多少个评价，而在于它积累了多少个回头客。踏踏实实做出来的店铺和刷信誉刷出来的店铺信誉相当，但其价值却是不一样的。前者有老客户，后者只是一个空壳，除了稍微能让进来的新客户放心外，其含金量非常低。信誉高的店铺的优势不在于它的信誉分数高，而在于它所积累的庞大的忠实客户群体。

4. 树立店铺形象

推广从产品选择、店铺装修到各种宣传方式，无不在向人们展示自己的店铺美好、诱人的一面，或个性，或大众，或可爱，或优雅……店铺的形象在种种宣传手法中得以体现，宣传的过程也就是树立自己的品牌形象的过程。可以说，卖家推广的不仅仅是产品，更是这个店铺的整体形象。卖家的店铺如果能成为一个明星级的店铺，它就是一个品牌。

5. 有利于店铺排行

网店店铺千千万万，要在众多店铺中脱颖而出，就需要店铺排名靠前。店铺排名与信誉、流量、收藏量等因素有关。

持续不断推广，信誉不断增长，好评人数增多，流量倍增，都可以提高店铺排名。排名越靠前的店铺，被买家看到的机会就越大，信誉越高的店铺，给买家的感觉就越可靠，这是一个良性循环的过程。

【技能训练】

活动：了解网店推广。

活动目的：掌握免费网店推广的方式。

活动器材：联网的计算机。

活动内容：

（1）上网查找网店推广的方法。

（2）淘宝店外推广有哪几种？

（3）常用的免费推广网店的方式有哪些？

6.2　利用搜索引擎推广网店

搜索引擎是指根据一定的策略、运用特定的计算机程序从互联网上搜集信息，在对信息进行组织和处理后，为用户提供检索服务，将用户检索相关的信息展示给用户的系统。

6.2.1　搜索引擎

截至2017年12月底，我国搜索引擎用户规模为6.40亿，网民使用率82.8%，是排名第二的网民互联网应用工具，也就是说有超过八成的网民用户是通过搜索引擎查找信息的，而通过其他推广方式查找信息的只占很少一部分。这就意味着当今互联网上最为经济、实用和高效的网站推广工具就是搜索引擎。

登录搜索引擎是指企业出于扩大宣传的目的，将自己网站链接提交给搜索引擎，让企业的产品和服务信息进入搜索引擎数据库，以增加与潜在客户通过互联网建立联系的机会。

搜索引擎是专门提供信息查询服务的网站。它们大多是通过对网站进行检索，从中提取相关信息，从而建立起庞大的数据库。浏览者可以很方便地通过输入一定的文字，查找所需要的任何资料，其中当然也包括各种产品及服务的信息。由于看到了搜索引擎的商业价值，越来越多的企业都将登录搜索引擎作为主要的网络营销手段，并且取得了较好的宣传效果。

提交信息的时候尽可能地提交给各大搜索引擎，如百度、新浪、360等一些大的搜索引擎网站，因为不可能所有的互联网用户都只使用一个搜索引擎。

百度搜索引擎登录入口：http://e.baidu.com/product?subsite=hebei，如图6-1所示。

图6-1　百度搜索引擎

登录搜索引擎的操作步骤如下：进入搜索引擎登录页面，输入网址，提交即可。如果搜索引擎不接受，那就一天多提交几遍、天天提交，直到被接受为止。由于搜索引擎收录新网站有一定的工作周期，一般为1周至2个月不等，因此越早动手越好。

6.2.2 设置受欢迎的关键词

在搜索引擎中，检索信息都是通过输入关键词来实现的。输入关键词是整个网店登录过程中最基本、最重要的一步。然而，关键词的确定并非一件轻而易举的事，要考虑诸多因素。例如，关键词必须与网店的内容有关，词语间如何组合排列，是否符合搜索工具的要求等。网店关键词的确定可以从以下几个方面入手。

1）揣摩客户心理

要仔细揣摩潜在客户的心理，设想他们在查询信息时最可能使用的关键词，并一一将这些关键词记录下来。不必担心列出的关键词会太多，相反找到的关键词越多，覆盖面就越大，也就越有可能从中选出最佳的关键词。

2）选择有效的关键词

关键词是描述商品及服务的词语，选择适当的关键词是建立一个高访问量店铺的第一步。选择关键词的一个重要技巧是选取那些常被人们在搜索时所用到的关键词。

3）利用搜索引擎的相关关键词

每个搜索引擎在列出关键词的搜索结果的同时，还提供了与这个关键词相关的其他组合词，这些被称为长尾关键词，它们所带来的流量也不容忽视。

4）关键词的竞争度要适中

要想在短时间内见效，最好不要把竞争程度非常激烈的词语作为主关键词，这些关键词要想在搜索引擎中获得更好的排名是非常不容易的，而且还要有足够的时间和耐性。应该选择一些竞争程度适中的关键词，这些关键词不仅容易排名靠前，而且花费也不会很多。

5）关键词检测

选择好一系列短语之后，可用网络营销软件对这些关键词组进行检测，软件的功能是查看所选关键词在其他网页中的使用频率，以及各大搜索引擎上有多少人在搜索时用过这些关键词。最好的关键词是那些没有被滥用而又很流行的词。

【技能训练】

活动：了解搜索引擎。

活动目的：使用淘宝搜索引擎查找热门关键词。

活动器材：联网的计算机。

活动内容：

（1）登录淘宝网，搜索女装类别的热门关键词有哪些？

（2）登录淘宝网，搜索化妆品类别的热门关键词有哪些？

（3）登录淘宝网，搜索食品类别的热门关键词有哪些？

6.3 利用微信推广网店

微信，是腾讯旗下的一款语音产品，是当前被应用得最为广泛的手机通信软件，其支持发送语音短信、视频、图片、文字和群聊功能。作为一种更快速的即时通信工具，微信还具有零资费、跨平台沟通、显示实时输入状态等功能，与传统的短信沟通方式相比，具有灵活、智能且节省资费的特点。另外，微信在iPhone、Android、Symbian、WindowsPhone、BlackBerry等手机平台上都可以使用，并提供有多种语言界面。截至2017年12月底即时通信用户已经超过了7.20亿，其中微信城市用户4.17亿，是亚洲地区拥有最大用户群体的移动即时通信软件。如此庞大的用户群体，有着强大的商业价值，而且微信用户大都是中青年群体，喜欢网购，有一定的购买能力。这就给淘宝卖家营造了一个天然的推广平台，如何抓取微信流量就需要选择合适的微信推广方法。

6.3.1 微信推广的方法

微信推广的方法有三种：

第一种是申请个人微信账号。邀请客户添加微信好友，然后向自己的好友分享商品，每天在朋友圈分享一些新颖有趣的产品，宝贝的图片一定要吸引人，同时附上链接，如图6-2所示。吸引朋友们的眼球，提高他们对店铺的兴趣，然后通过口碑传播，渐渐建立起店铺在朋友圈的知名度，以这种方式带来流量不是很容易，但是一定要坚持，每天都发。

第二种是自建微信群推广。微信群的推广因为没有固定的群二维码（每周更新），主要的推广渠道就是靠群成员不断地拉人进群，但是要时刻注意建群的目的，不要为了把人填满盲目去拉人。获得群成员的认同，然后通过群成员的口碑去吸引用户不断进群是一种不错的方式。卖家可以在微信群里发布宝贝信息，分享宝贝口令，吸引用户关注并购买。

　　第三种是利用微信公众平台。当卖家的好友累积到一定数量时，就可以使用微信的其他功能进行客户的维护和商品的推广。卖家开通微信公众平台后，让客户关注这个平台，卖家就可以每天向客户推送图文消息，从而达到营销的目的，如图6-3所示。卖家还可以举办一些微信小活动、小游戏，调动客户的积极性，刺激消费。

图6-2　朋友圈推广

图6-3　微信公众平台推广

　　微信推广已经成为网络营销的一种趋势，所以必须要适应时代，走碎片化的营销模式。只要坚持，就会有效果。当然也要在坚持中不断地总结和创新，这样才能得以生存和发展。

6.3.2　微信推广的技巧

　　利用微信推广网店有以下几个小技巧。

　　（1）无论采用哪种推广方式，推送的内容一定要符合目标群体的口味，产品描述要尽量有趣、好玩。

（2）推送的内容可以采用短视频的形式推送，因为文字、图片难以表达清楚所有的意思。建议根据公众号的定位内容做视频，这样在增加内容质量的同时，又可以增加公众号的黏性；另外视频时间尽量不要过长，否则人们会失去耐心。

（3）要善于把握内容推送的时间。发送的精准时间是上午8：00、中午12：00、晚上9：00这三个时间段。在上述时间人们普遍不会很忙或者处于休息状态，有时间坐下来刷刷手机，这时候推送的话，刚好能被很多人看到，降低了被忽视的概率。另外要提前20分钟推送，这样做的目的是抢占先机。建议提前准备好要推送的内容，在上述时间前20分钟推送出去。

（4）利用好微信公众平台的自动回复。微信公众平台有被添加自动回复、消息自动回复和关键词自动回复三种。在制作自动回复里的店铺视频时，要描述清楚你是卖什么的，有哪些服务和亮点，还有就是设置好用户关键词，这样用户通过关键词就可以自动跳出产品视频，结尾留下店铺地址，以便引导用户观看完视频进入你的店铺。

【技能训练】

活动：了解微信推广。

活动目的： 使用微信推广店铺。

活动器材： 联网的计算机。

活动内容：

（1）登录微信，在朋友圈发布网店信息。

（2）登录微信，在微信群里发布网店信息或宝贝信息。

（3）申请一个微信公众号，并在公众号里发布网店信息和其他设置信息。

6.4　使用网络广告推广网店

目前网络广告的市场正在以惊人的速度增长，其发挥的作用越来越重要。网络上有很多好的广告宣传方法。

6.4.1　什么是网络广告

简单来说，网络广告就是在网络平台投放的广告。它是利用网站上的广告横幅、文本链接、多媒体等在互联网发布广告，通过网络传递到互联网用户的一种高科技广告运作方式。

利用网络广告推广店铺具有广泛性、时效性、公平性、经济性、针对性、长期性等特点，对于想开拓外贸市场的店家来说，网络推广的投入低、回报高、门槛低、范围广等特点更为突出。

6.4.2 网络广告的类型

网络广告是常用的网络营销策略之一，在产品促销、网店推广等方面均有明显作用。网络广告存在于各种网络营销工具中，只是具有的表现形式不同。对于网店推广比较有用的广告类型有以下几种。

1. 图文广告

图文广告是以GIF、JPG等格式建立的图像文件，大多用来表现广告内容，同时还可使用JavaScript等语言使其产生交互性，是最早的网络广告形式。图文广告包含Banner广告、按钮广告、通栏广告、竖边广告、巨幅广告等。图6-4所示为图文广告。

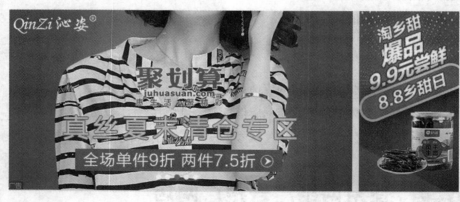

图6-4　图文广告

2. 文本链接广告

文本链接广告是以文字作为一个广告，单击可以进入相应的广告页面。这是一种对浏览者干扰最少，但却较为有效果的网络广告形式。有时候，简单的广告形式反而最好。文本链接广告位的安排非常灵活，可以出现在页面的任何位置，可以竖排，也可以横排，每一行就是一个广告，单击每一行都可以进入相应的广告页面。这种广告的好处是能够根据浏览者的喜好提供相应的广告信息，而其他广告形式是很难做到的。图6-5所示为文本链接广告。

2	蒙娜丽莎瓷砖	新浪指数	★★★★★	10
3	冠军磁砖	新浪指数	★★★★★	10
4	通利大理石瓷砖	新浪指数	★★★★★	9.9
5	诺贝尔瓷砖	新浪指数	★★★★★	10
6	IMOLA瓷砖	新浪指数	★★★★★	10
7	兴辉瓷砖	新浪指数	★★★★★	10
8	冠珠陶瓷	新浪指数	★★★★★	10
9	箭牌瓷砖	新浪指数	★★★★★	10
10	Casaltaliana	新浪指数	★★★★★	9.5

图6-5　文本链接广告

3. 搜索引擎竞价排名

直通车就是关键词搜索引擎竞价排名广告的典型代表，不同的是，直通车只在淘宝网上投放，而搜索引擎竞价排名是在各大搜索引擎上竞价。两者原理是一样的，只是搜索引擎竞价要比直通车贵很多，对于中小卖家来说都是难以承受的天价。当然，搜索引擎带来的流量也是不可估量的。如果店主能承受高额的广告投放费用，也可以试试。

4. 活动赞助

活动赞助是指卖家为了获得推广店铺的效果，向某些活动或团体提供资金或实物支持的一种行为，赞助的目的是提高店铺的知名度和浏览量，从而增加销量。

6.4.3　如何提高网络广告效果

如何达到广而告之，让更多的人了解到自己的广告，需要注意很多事项。

1. 广告目标群体的确认

只有把广告投放到形式相近的网站或投放给对广告内容感兴趣的群体，才能真正使广告达到效果。

2. 广告方式的选择

目前流行的CPM、CPC、CPA、CPS等网络广告收费形式该如何选择，应根据产品的特点等多方面来确定。

3. 选择高价值的网络广告投放平台

是否能获得有效的单击，取决于网络广告投放的平台。例如，家用电器产品的广告在网络上的投放就不能选择服装商城平台。在不考虑广告投放金额的情况下，广告不仅要在产品相关的平台上投放，更要在访问量大、人气高的网站投放。只有这样才能实现网络广告投放的真正价值，为网店带来点击率，招徕潜在的目标客户，并最终获得盈利。

4. 正确把握网络广告的吸引点

网络广告要具有创意和吸引力才能引起网民的关注。网络广告的第一目的是吸引网民的关注和点击。网络广告没有吸引网民点击的欲望和冲动，就无法达到网络广告的效果。

【开店小窍门】　　　　　　网络广告推广店铺

网络广告的优势不言而喻。在投放网络广告时应该着重把握三大法宝。

1. 锁定目标受众

首先，要了解广告主的产品是面向哪一类顾客，以便因地制宜在适合的网站发表广告。对媒体的选择，要看广告主的广告目的、策略，选择对口的媒体。如果选择恰当，可以收到事半功倍的成效。

2. 做好广告文案

如果不是做品牌，而是要追求点击率的话，模糊广告用语在互联网上是很走俏的，它可以吸引很大一部分受众。

3. 实时效果监控

投放广告后需要定期对广告效果进行分析，根据投放广告的目的采取相应的标准进行效果评估。

【技能训练】

活动： 了解网络广告。

活动目的： 利用网络广告推广店铺。

活动器材： 联网的计算机。

活动内容：

（1）网上查找网络广告有几种方式。

（2）网店推广效果好的是哪种网络广告。

6.5　借助社交工具推广网店

6.5.1　论坛、百度推广

论坛是网友集中进行讨论的地方，而百度问答是网友提问的地方。在这些地方卖家可以较好地进行推广。对夹缝中求生存的淘宝新手来说，在论坛进行推广是必不可少的一种推广方式。

1.　选择适合自己店铺的论坛

论坛最初的作用是为大家提供交流的平台，后来就演变成网络推广的一种渠道。不同论坛上汇集了不同的人群，如淘宝论坛。在淘宝论坛上每天都能看到很多卖家发的精华帖，卖家可以通过这个平台相互学习经验。如果想通过论坛来宣传商品，那么就需要选择适合店铺定位的论坛。如果是卖婴儿用品或孕妇用品的卖家，那可以上"育儿论坛"，如图6-6所示。在该论坛上有关于孕期、育儿等话题。

图6-6　育儿论坛

在育儿论坛页面中，单击"孕期话题"，进入到如图6-7所示的页面，在该页面中

图6-7　论坛中的话题页面

可以看到很多发帖的用户，其中第3条帖子就是淘宝卖家发的关于斯利安钙片（孕妇型）的帖子。该帖子的浏览量多达15 677次，而浏览人群中可能很大一部分是隐藏在论坛中的目标客户。

在进入上述帖子后，可以看到如图6-8所示的推广内容。

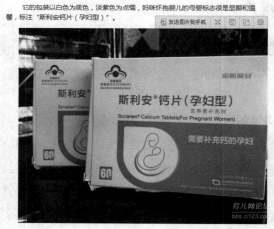

图6-8 论坛中的推广内容

卖家应该根据自己店铺的商品类型选择与之相应的论坛平台进行推广。在论坛上进行软文推广时，可以分享一些相关经验，让读者看到后觉得有帮助，这样软文中提到的商品才会被读者记住。

2. 通过在百度知道上回答网友提问来推广商品

另一种推广方式就是回答网友的提问，提问的网友和看到该条提问的读者就是潜在客户。需要通过类似提问找到这样的潜在客户，然后给出建议的同时说出商品名称。如果提问者对回答满意，就会在网上搜索提到的商品，如果商品排名靠前，这无形之中就为店铺带去了流量。

如图6-9所示，如果网店是卖护肤品的，那么可以在"百度知道"上搜索"脸过敏用什么护肤品"，可以看到页面中有很多用户参与回答，其中也有企业推广的，如第一条回答。第一条和第三条都提到了某款具体的护肤品，用心的用户还详细介绍了所推荐商品的使用方法和功效，这就是通过"百度知道"进行的推广。

在"百度知道"上，卖家可以通过搜索网友们的提问来回答问题，从而推广商品。但是如果网上没有关于自己店铺商品的相关问题，卖家也可以自己提问然后回答，但需要使用不同的ID号，这样才能显得更真实。

图6-9　通过"百度知道"进行推广

如图6-10所示，虽然不能完全确定这就是一些卖家自问自答来推广自己的品牌，但是可以确定这样的推广方式是可以学习和借鉴的。

图6-10　在问题回答中进行推广

6.5.2　微博推广

微博推广是以微博作为推广平台，每一个粉丝都是潜在营销对象，卖家通过更新微博向网友宣传店铺、产品的信息，树立良好的店铺形象和产品形象。通过每天更新内容跟大家交流，或者分享大家感兴趣的话题，以达到营销的目的，这样的营销方式就是微博推广。

新浪上关注你的用户叫粉丝。没有粉丝的微博无异于一潭死水，从营销角度看，没有粉丝，这个微博也就形同虚设，没有意义。粉丝是信息的接收者，是信息的传播者，同时也是潜在客户。很显然，粉丝越多，传播效果越好。

利用微博推广店铺的小技巧如下。

1. 标签的设置

标签若设置得巧妙可以帮你找到想找的人，同样别人也可以根据标签找到你。不同时间需要用不同的标签，让搜索结果一直能处在第一页，这样才有机会被你想要的用户关注。

2. 主动关注别人

关注了别人，别人也会关注你。可以选择去关注相关行业的人，这样粉丝中的潜在客户就会增加。

3. 微博内容优质

发布一些真实、新鲜、好玩儿、高质量的内容来吸引粉丝。

4. 微博频度要适当

不能太少，不能一天才一两条，也不能太多，一分钟发几十条，每天控制在5～20条，可以有效避免一些粉丝因反感刷屏者而被取消关注。

5. 参与热门话题

多参与每小时热门话题排行，每日热门话题排行对提高曝光率是很有用的方式，可以增加被粉丝搜索到的频率，从而带来更多的关注；当然也可以发起一些活动或话题吸引更多人关注。

6. 申请认证

申请认证需要跟运营商沟通，一旦通过，效果甚佳，可以以企业名义进行申请，通过率会高一些。

6.5.3 即时社交工具推广

推广不一定要轰轰烈烈、大张旗鼓才会有效果，只要卖家平时事无巨细、多想多做、日积月累也会有不同凡响的效果。

1. QQ空间推广

相信大多数人对QQ空间都不会感到陌生，它是好友之间相互交流的开放平台。卖家应该合理利用这个平台，通过空间相册、空间日志和说说向QQ空间好友介绍商品。这部分人群的好处是他们不会轻易拉黑你，而且关系好的朋友还会帮你一起分享给他们的好友。在用QQ空间做推广时，需要有一个切中主题的空间名，可以和你的店铺名称保持一致；同时还需要有一个吸引人的个性签名，比如店铺的口号。

要通过空间相册展示商品，就不能像店铺那样使用专业的拍摄场景，要生活化地展示，这样的图片显得更真实，因为大多数人认为越接近生活的东西才越可信。但当第一次在空间相册推广时，最好上传一些很专业的图片，并在图片上打上水印（主要是店铺名称和商品性能）。

在使用空间相册做宣传时，需要为相册取一个有针对性的名字，还要对相册做出描述，好友浏览到相册时能更加清晰地认识商品。另外，设置好友可见的范围决定了是对所有好友推广还是只对部分好友推广。如图6-11所示是某童装卖家设置的相册信息。卖家就可以上传一些商品的照片，保存后，这个相册就会在可见好友中展示。使用相册推广的频率不能太高，否则会引起好友的反感。

图6-11　在QQ空间中建立商品相册

2. 日志推广

很多QQ空间用户都喜欢到处去看别人的日志。一般来说，情感日志、搞笑日志等特别受用户的欢迎，而且转载率很高。所以卖家也要保持时不时地写写日志的习惯，不过这类日志可以不与店铺商品相关，而是有关社会上的热门话题，这样做的目的是增加QQ空间的访问量，使访问者看到空间相册，通过相册了解淘宝店铺，进而去网上搜索。如果日志写得好，就会有好友转载，QQ空间就得到了更大范围的推广。

3. QQ群推广

QQ群是一个很活跃、很能聚集人气的地方，卖家除了利用自己已加入的圈内群外，还可以通过加入别的群进行推广。假设某家店铺是专营户外用品的，可以加入有关旅游、运动的群组。而加入这些群的方法也很简单：登录QQ后，在下方单击"查找"按钮，然后在弹出的对话框中单击"找群"按钮，再在"同城交友"组下选择"户外"组中的"驴友"，如图6-12所示。

单击"驴友"后显示很多推荐的群，卖家可以选择一个认为有推广价值的群加入。加入后要先阅读群规，因为有些群是不能发广告的，所以卖家一开始就要清楚有没有加入的意义。对于没有特别说明的群，也不能一加入就发广告，否则被踢出群的可能性很大，应该先混个脸熟后再发广告，而且不能滥发，应根据实际情况发，如有促销活动或新品上架等。

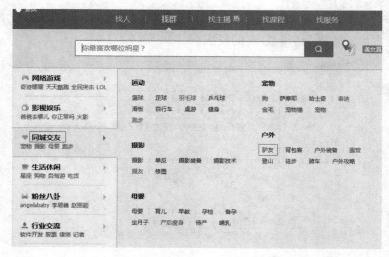

图6-12 加入"驴友"QQ群

利用团购平台进行推广

网络团购是指通过互联网平台，由专业团购机构将具有相同购买意向的零散客户集合起来，向厂商进行大批量购买的行为。网络团购有一定的人气，而这些人会给你的网店带来一定的推广作用。淘宝的团购就是聚划算，为淘宝网官方开发的平台，并由淘宝官方组织的一种线上团购活动。

网络团购受欢迎的原因主要有两点。

一是参加团购能够有效降低客户的交易成本，在保证产品质量和服务的前提下，获得合理的低价格。团购实际上相当于批发，团购价格相当于批发价格。通过网络团购，可以将被动的分散购买变成主动的大宗购买，购买同样质量的产品，能够享受更低的价格和更优质的服务。

二是能够彻底转变传统消费行为中因市场不透明和信息不对称而造成的客户的弱势地位。通过参加团购更多地了解产品的规格、性能、合理价格区间，在购买和服务过程中占据主动地位，真正买到质量好、服务好、价格合理、称心如意的产品，达到省时、省心、省力、省钱的目的。

【技能训练】

活动： 利用社交工具推广。

活动目的： 利用微博、微信、QQ推广。

活动器材： 计算机、手机、互联网络。

活动内容：

（1）注册微博、微信、QQ账号。

（2）在微博、微信和QQ上推广自己的店铺。

（3）总结微博、微信和QQ推广的技巧和注意问题。

6.6　利用博客吸引客户创造流量

6.6.1　博客营销

利用博客作为宣传平台，通过博主本人的知识、兴趣和体验来传播商品信息的营销活动就是博客营销。博客营销以博客文章为主要传播手段，因为具有明确的营销目的，所以博文中或多或少带有企业或个人营销的色彩。特别是作者是在某领域有一定影响力的人物，所发布的文章更容易引起关注，吸引大量潜在客户浏览。

6.6.2　博客文章写作技巧

博客的更新非常关键，最好每天都能够更新，这样才能吸引浏览者天天看你的博客。博文的撰写有许多技巧。

1. 产品形象情节化

最好的方法就是把自己对产品的赞美情节化，让人们通过感人的情节感知认知产品。这样客户记住了瞬间的情节，也就记住了自己的产品。

2. 行业问题热点化

在博客文章写作过程中，一定要抓行业的热点，不断提出热点，才能引起客户的关注，通过行业的比较显示出自己产品的优势。要做到这些也就要求博主平时关注时事、关注同行。知己知彼，方能百战不殆。

3. 表现形式多样化

生动的文章表现形式会给人耳目一新的感觉，可以从不同的角度、不同的层次来展示产品，如以拟人的形式或者童话形式等。越有创意的写法，越能让读者耳目一新，记忆也就越深刻。

4. 产品功能故事化

博客营销文章要学会写故事，更要学会把自己的产品功能融入到故事中。通过一些生动的故事情节，自然地让产品自己说话。

5. 产品博文系列化

这一点非常重要，博客营销不是立竿见影的电子商务营销工具，需要长时间的坚持不懈。因此，在博文写作中，一定要坚持系列化，就像电视连续剧一样，不断有故事的发展，还要有高潮，这样博文影响力才大，才能留住读者。

6. 博文字数精短化

博客不同于传统媒体的文章，既要论点明确、论据充分，又要短小耐读，既要情节丰富、感人至深，又不能花太多的阅读时间。所以，一篇博文最好不要超过1 000字，坚持短小精悍是博客营销的重要法则。

7. 博文内容有价值

博客文章真正能起到营销作用在于能给予读者所需要的东西，营销博客与其他博客的最大区别就在于此。其他博客可以抒发情感、随心所欲地写，但营销博客不可以，不仅要保证每篇博文带来应有的信息量，还要有知识含量、趣味性，另外要有经验的分享，让访客每次访问都有所收获。这是吸引住客户最好的方法。

6.6.3 博客推广的秘诀

博客推广受到越来越多的人的关注，虽然获得成功的很少且大多数仍处于摸索阶段，但也有不少人做得有声有色。如果把握好博客推广的技巧，就可以较快地见识到博客推广的强大优势。下面是采用博客推广的一些技巧。

（1）利用博客推广网店，内容是关键。如果博文的内容不讨人喜欢，是不会吸引购物者的目光的，建议多写些原创文章并经常更新，或转载一些吸引人气的文章，让博客更具吸引力，更具黏度。

（2）将博客提交到搜索引擎和一些专业网站，搜索引擎会对网站有价值的内容进行抓取，不但可以把信息提供给更多网民，还能提高网站的流量。

（3）与一些博客网站交换友情链接，相互提高访问量。

（4）多访问别人的博客，发表对博客日志的意见想法，同时留下自己的地址以便对方的拜访，当别人的博客被访客访问时，访客看到留言的同时可能也会单击留言者的博客。

（5）写优秀软文，把优秀的文章转载到其他一些综合博客与行业网站，留下版权网址，好的文章大家都喜欢，让更多的人看到。如果博文好，别人会把文章转载到更多网站，从而提高了博客的访问量。

（6）博客网站结构合理，网站菜单清晰，文章分类明确，代码简洁，方便搜索引擎抓取，还能提高用户体验。

（7）到人气旺的博客社区进行推广，吸引更多网友去点击。

（8）即时通信工具，如QQ群、MSN等工具也是推广博客的平台，需要注意的是不要采用让大家厌恶的方式来发信息。

【开店小窍门】　　　　　　博客文章写作窍门

（1）多用口语化的写作手法。口语化的语言会让人感觉很贴近，读起来也轻松。

（2）标题命名时注意在标题中提及关键词和热点；再有就是使用形容词；一句话概括文章的全部内容；使用引导式问句。

（3）博客文章结尾注明版权。这也很重要，即使很多网友看了你的文章觉得很好，想转载，可能会怕没有经过你的允许，私自转摘对你不尊重，但是联系你又太麻烦，索性看过就算了。如果结尾处注明版权，就会提醒你的读者帮你转载，扩大宣传。

【技能训练】

活动：博客推广。

活动目的：熟练使用博客推广网店。

活动器材：联网的计算机。

活动内容：

（1）在新浪网、搜狐或网易等门户网站开通博客。

（2）在博客平台搜索和一些热门关键词有关的博客文章并浏览。

（3）总结博客推广的技巧。

巩固 与 提高

一、单选题

1.（　　　）是指针对各种搜索引擎的检索特点，让网页设计符合搜索引擎的搜索原则及搜索算法，从而获得较好排名的各种方法。

　　　A．搜索引擎推广　　　　　　　　B．搜索引擎优化

C. 搜索引擎营销　　　　　　　　　　D. 搜索引擎登录

2.（　　）是以手机为传播平台，直接向目标客户定向和精确传播个性化即时信息，达到"一对一"互动营销目的。

A. 移动营销　　　　B. 无线营销　　　　C. 定向营销　　　　D. 精确营销

3. 使用百度搜索信息，如果在左侧结果列表中出现"推广"二字，说明（　　）。

A. 该结果链接指向的网页最符合用户的需求

B. 该结果链接指向的网页针对百度搜索引擎最为优化

C. 该结果链接指向的网站购买了百度的关键词排名

D. 该结果链接指向的网站是自然优化的结果

4. 微博是一个基于用户关系的信息分享、传播以及获取的平台，每条最多发布（　　）字。

A. 140　　　　　　B. 70　　　　　　C. 210　　　　　　D. 90

5. 用来围绕特定的话题展开讨论的在线平台是（　　）。

A. 维基　　　　　　B. 社交网络　　　　C. 博客　　　　　　D. 论坛

6.（　　）又称搜索引擎广告，是通过设定关键字的方式进行产品和企业宣传。

A. 搜索优化广告　　　　　　　　　　B. 网络品牌广告

C. 文字链接广告　　　　　　　　　　D. 关键词广告

7. 对于社会化媒体营销来说，最困难和最重要的就是（　　）。

A. 找到合适的传播对象　　　　　　　B. 选择传播的媒体渠道

C. 增大营销内容的传播动力　　　　　D. 组建强健的传播链

8. 可以发布信息，参与讨论，组织公众进行互动交流的客户工具是（　　）。

A. 即时通信　　　　　　　　　　　　B. 在线表单

C. 电子邮件　　　　　　　　　　　　D. 在线论坛

9. 下面不是电子邮件营销的注意事项有（　　）。

A. 进行拼写检查　　　　　　　　　　B. 避免提供可点击的URL

C. 提高邮件发送频率　　　　　　　　D. 提高邮件的阅读率

二、简答题

1. 网店推广有哪些方法？

2. 博客营销有哪些优势？

3. 网络广告的优势有哪些？

4. 微信推广的技巧有哪些？

5. 如何确定网店关键词？

第 **7** 章

利用淘宝客推广产品

【 学习目标 】

知识目标

1. 了解淘宝客推广的概念。

2. 了解加入淘宝客推广的步骤。

3. 掌握淘宝客推广的技巧。

技能目标

1. 能够利用有效的手段寻找淘宝客。

2. 能够利用淘宝客进行店铺和商品的推广。

【 引导案例 】

小李的网店开张近一年了，流量和销售额一直都很低。后来小李利用淘宝客进行了推广，首先选择了店铺内几款热卖的商品作为主推商品，制定了合理的佣金开始进行推广，同时小李自己也做起了淘宝客。半年下来，小李的网店流量和销售额有了明显的提高。

问题：如何成为一个淘宝客？如何利用淘宝客推广自己的店铺？

7.1 淘宝客推广

7.1.1 淘宝客概述

淘宝客——简称"淘客",是指通过互联网帮助淘宝卖家推广商品,并按照成交效果获得佣金的人或者集体(可以是个人、网站、团体、公司)。淘宝客的工作平台是淘宝联盟,只要获得淘宝商品推广链接,让买家通过淘宝客的推广链接进入淘宝店铺购买商品并确认付款,淘宝客就能赚取由卖家支付的佣金,无须投入成本,无须承担风险,最高佣金达商品成交额的50%。在淘宝客中,有阿里妈妈、卖家、淘客以及买家四个角色,他们每个都是不可缺失的一环,如图7-1所示。

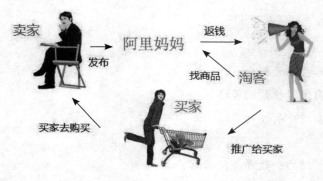

图7-1 淘宝客

卖家:佣金支出者,他们提供自己需要推广的商品到淘宝联盟,并设置每卖出一个产品愿意支付多少佣金。

淘客:佣金赚取者,他们在淘宝联盟中找到卖家发布的产品,并推广出去,当有买家通过自己的推广链接成交后,就能够赚到卖家提供的佣金(其中一部分需要作为淘宝联盟的服务费)。

买家:就是单纯的购买者。

阿里妈妈:阿里妈妈旗下的淘宝联盟专门负责淘宝客管理,帮助卖家推广产品;帮助淘客赚取利润,每笔推广的交易抽取1%～50%不等的服务费用。

作为淘宝网推出的网络营销平台,任何网民都可以帮助淘宝掌柜销售商品,从中赚取佣金。未来一两年内,网上的"营销大军"预计将超过百万,至少将为国内提供几十万个直接就业平台,淘宝客将一跃成为庞大的网络职业人群。很多人关注淘宝客,依托淘宝联盟平台,越来越多的个人加入淘宝客推广,一些淘宝客的收入也很可观。

7.1.2　淘宝客推广

淘宝客推广是一种按成交计费的推广模式。淘宝客只要从淘宝客推广获取商品代码，任何买家经过淘宝客的推广（链接、个人网站、博客或社区发的帖子），进入淘宝卖家店铺完成购买后，淘宝客就可得到由卖家支付的佣金。买家通过支付宝交易并确认收货时，系统会自动将应付的佣金从卖家收入中扣除并计入淘宝客的预期收入账户。

简单说，就是去申请自己的网店做淘宝客推广后，在淘宝推广专区就会有所推广的商品代码。一些流量高的网店或独立网店就会把所推广的商品的代码做成广告放在自己的网店或网站上，如果有人通过这些广告进入了店铺并且成功购买了宝贝，那么店家就要支付设定的佣金到这些网店或网站了。

7.1.3　淘宝客的优势

淘宝客推广是一种按成交计费的推广模式，其优势如下。

（1）最小成本，展示、单击、推广全都免费，只在成交后支付佣金，并能随时调整佣金比例，灵活控制支出成本。

（2）省时，只需要把佣金比例调整好，等着淘客来推广就可以了。

（3）最大资源：拥有互联网上更多流量、更多人群帮助推广销售，让买家无处不在。

（4）推广精准到店铺和商品，直击用户需求。

（5）推广内容和推广途径完全自定义，灵活多样。

（6）推广流程简单，一键获取推广代码，甚至不需要拥有自己的网站。

7.1.4　淘宝客的佣金

设置淘宝客佣金时，也不要一味地追求高佣金而忽视了商品本身的售价。要在商品单价和佣金之间寻找到好的平衡点，佣金比例的合理设置，应该在自己能接受的范围内，给予淘宝客更多的佣金，只有这样才能激发淘宝客们推销商品的热情。

这里首先介绍一下关于佣金的几个概念。

1. 佣金比例

佣金比例是指淘宝卖家愿意为推广商品而付出的商品单价的百分比。

2. 个性化佣金比例

淘宝卖家加入淘宝客推广后，可以在自己的店铺中最多挑选20件商品作为推广展示商品，并按照各自的情况设定不同的佣金比例，这些商品的佣金比例称为个性化佣金比例。

3. 店铺佣金比例

淘宝卖家加入淘客推广后，除了设定个性化佣金比例外，还需要为店铺中其他商品另外设定一个统一的佣金比例，用来支付由推广展示商品带到店铺其他商品成交的佣金。

4. 佣金

佣金指的是该商品的单价×佣金比例，是淘宝卖家愿意为推广商品而付出的推广费。当淘客推广的交易真正通过支付宝成交后，除去阿里妈妈服务费，就是淘客的收入。

买家通过支付宝交易并确认收货时，系统会自动将应付的佣金从卖家收入中扣除并在次日记入淘客的预期收入账户。每个月的15日都会做上一个月的月结，月结后，正式转入淘客的收入账户。

【开店小窍门】　　巧用SEO结合淘宝客推广店铺

结合SEO和淘宝客推广店铺可提升淘宝客网站在百度的关键字排名，从而提升店铺宝贝的曝光率，获得更多的客户，同样可以使推广店铺商品的淘客获得更多的佣金、淘客网站获得更多的流量，方法如下。

1. 选择30个优势商品

选择店铺最有竞争优势的30个商品，淘宝客最多可以推广30个商品。

2. 为商品选择精确关键字

选择精确的关键字可以提升店铺的转换率，如何查找精准的关键字呢？

（1）搜索栏搜索提示关键字。

（2）淘宝系统推荐关键字。

（3）淘宝排行榜。

（4）根据店铺客户搜索习惯选择关键字。

3. 为淘宝客主推商品进行关键字优化

为主推商品选择核心关键字，每个商品可选1～3个；将选好的1～3个关键字放置宝贝名称中，并在宝贝描述中多次出现，增加关键字密度；为图片加alt属性，如alt="关键字"；在商品详情明显位置摆放当前商品核心关键字，以便淘宝客网站运用。

【技能训练】

活动：设置淘宝客佣金。

活动目的：了解淘宝客佣金的制定。

活动器材：联网的计算机。

活动内容：

（1）登录阿里妈妈网，进入淘宝客栏目。

（2）了解淘宝客推广规则。

（3）收集淘宝客推广成功案例并进行讨论。

（4）教师集中点评。

7.2 设置店铺淘宝客推广

7.2.1 加入淘宝客推广的条件

淘宝掌柜参加淘宝客推广要满足以下条件。

（1）掌柜星级在一心以上或参加客户保障计划。

（2）店铺非虚拟交易近半年的（开店不足半年的从开店之日起算）DSR评分三项指标不得低于4.5（平均指标不低于4.5）。

（3）店铺好评率不得低于97.5%。

（4）掌柜的店铺状态是正常的。

（5）掌柜的店铺内，有一口价的商品（大于或等于10件），拍卖的不能参加推广。

（6）掌柜的店铺内，商品状态正常，并且结束时间比当前系统时间晚。

如果不满足以上条件则无法参加推广。需要注意的是参加淘宝客推广是完全免费的，掌柜唯一支付的只是推广佣金。

7.2.2 制定合理的佣金计划

淘宝联盟提供了推广计划管理，可设置1个通用推广计划，1个工具推广计划，9个定向推广计划。9个定向推广计划根据店铺不同情况针对不同等级的淘客，提供不同的佣金计划。

1. 佣金计算规则

（1）卖家可以在佣金范围内直接调高佣金比率。

（2）卖家不能直接调低佣金比率，但可以通过先删除推广计划，再新建推广计划的方法调低佣金比率。

（3）买家从淘宝客推广链接进入，此后15天内完成的购买均为有效购买，淘宝客可以从中得到由卖家支付的佣金。如果掌柜退出淘宝客推广，在掌柜退出前，用户单击过的推广链接对该用户在15天内继续有效，在单击后15天内拍下的商品仍计算佣金。

（4）如果实际交易金额减去邮费大于或等于拍下时的商品单价则按实际交易金额减去邮费乘以佣金比率进行计算。

（5）如果实际交易金额减去邮费小于拍下时的商品单价则按商品单价乘以佣金比率进行计算。

（6）如果买家通过淘宝客推广链接直接购买了商品，则按照该商品对应的佣金比率结算佣金。

（7）如果买家通过淘宝客推广链接购买了店铺内其他展示商品中的某一件商品，卖家应按照该商品对应的佣金比率结算佣金给淘宝客。

（8）如果买家通过淘宝客推广链接购买了店铺内非展示商品中的某一件商品，则按照店铺统一佣金比率结算佣金给淘宝客。

2. 合理设置佣金比率

（1）对主推商品设置较高的佣金比率。要想吸引更多淘宝客来推广商品，主推商品的佣金比率一定不能太低，不然商品再好也可能会被淹没。在能接受的范围内，将更多的佣金回馈给淘宝客，这样才能带来更高成交率。

（2）设置合理的店铺佣金比率。店铺佣金比率是除主推商品外其他商品统一的佣金比率。可以通过衡量店铺的利润情况，设定一个合理的店铺佣金比率，有吸引力的佣金对成交有很大的促进作用。

（3）调整推广心态。即便因为现在支付给淘宝客更多佣金而减少了利润，但长远来看，淘宝客带来的绝不仅仅是一个买家，而是这个买家身后千千万万更多的买家。只有淘宝客和掌柜相互合作、互相信赖，才能达到双赢的目的。

7.2.3 主推商品的选择

淘宝客推广说到底就是让别人帮你推销商品，成交了就分佣金给帮你推广的人，不成交就不用花钱。这个佣金怎么设置是很有讲究的，有很多卖家把淘宝客的佣金设置得非常高，但仍然没有人帮你推广，这时就要看一看自己的商品是不是有什么问题。

参加淘宝客推广的卖家在每个推广计划中最多可以选择30件商品对其设置个性化佣金比率，这些商品为主推商品。淘宝客主推一些性价比较高的商品，因为这些商品很容易就能成交，成交后他们就能获得佣金，反之，若商品的性价比较低，商品对客户的吸引力也会降低，影响推广效果。那么淘宝客到底应该主推哪类商品呢？

1. 选择店铺热卖商品

只有具有火爆销售记录的商品才能给淘宝客和买家带来信心。选择店铺中最热卖的商品作为主推商品，将买家引入店铺后才能进一步带动其他商品的销售。

2. 选择有一定利润空间的商品

要想吸引更多淘宝客来推广你的商品，则不能对主推商品的佣金比率设置太低，不然商品再好也可能会被淹没。因此尽量选择有一定利润的商品，在你能接受的范围内，将更多的佣金回馈给淘宝客。

3. 选择当季、适合的商品

春天都到了，你却还在推广厚厚的冬装？这样的推广即使商品很吸引人，但推广效果也是有限的。将淘宝客推广当成你的第二间店铺，经常更新内容，再根据效果来调整商品设置，这样才能保证销量。

选择主推商品的具体操作步骤如下。

（1）打开"佣金管理"页面，单击"新增主推商品"按钮，如图7-2所示。

图7-2　"新增主推商品"

（2）弹出"选择主推商品"页面，选择要主推的商品，重新设置佣金比率，点击"完成添加"按钮即可完成佣金的设置，这样就完成了主推商品的设置，如图7-3所示。

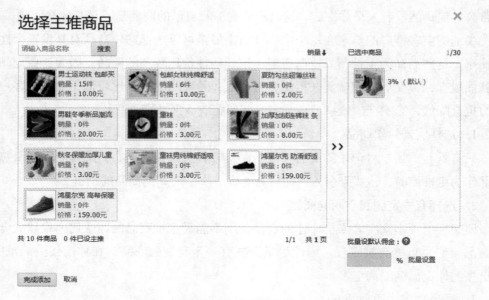

图7-3　勾选主推商品

7.2.4　加入淘宝客推广的步骤

淘宝客推广是一种按成交计费的推广模式，淘宝客提供单个商品和店铺的推广链接，可以指定推广某个商品或店铺，具体操作步骤如下。

（1）进入卖家中心中的"营销中心"，单击"我要推广"，如图7-4所示。

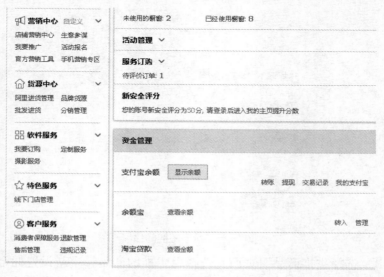

图7-4　"营销中心"页面

（2）单击"淘宝客"图标或下面的"开始拓展"，如图7-5所示。

图7-5　进入"淘宝客"

（3）输入账号和密码，登录淘宝账号，勾选同意协议，单击"确定"，如图7-6
所示。

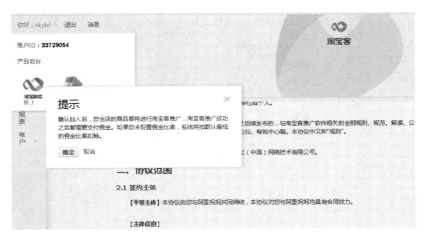

图7-6　协议确认页面

（4）填写支付宝账号、密码和校验码，单击"同意协议并提交"，完成了支付宝捆
绑，如图7-7所示。

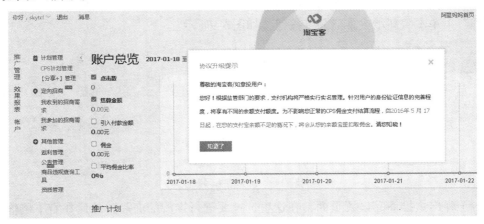

图7-7　支付宝捆绑页面

（5）进入推广计划设置页面，单击"定向计划"，弹出"新建定向计划"页面，在页面中设置计划名称、计划类型、起止日期等，设置类目佣金，完成后单击"创建完成"按钮，如图7-8所示。

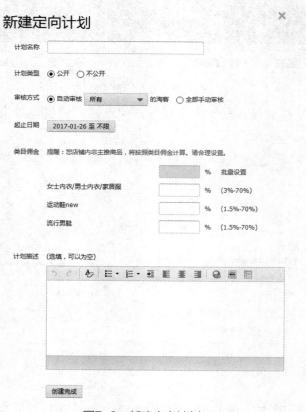

图7-8　新建定向计划

（6）完成创建后，单击该计划后面的"查看"，进入商品设置页面，在下方的"佣金管理"下单击"新增主推商品"按钮，如图7-9所示。

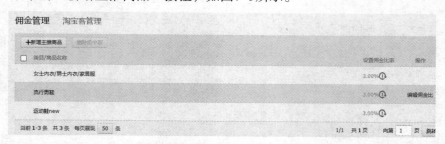

图7-9　新增主推商品

（7）弹出主推商品设置页面，在这里选择要进行推广的商品，然后在右下侧输入要推广的分成比例，单击"完成添加"按钮，如图7-10所示。

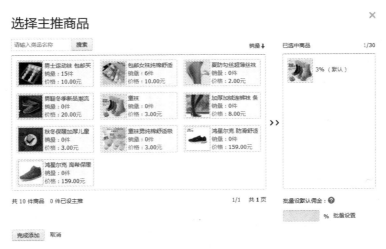

图7-10　选择主推商品

（8）设置完成，当有淘宝客选择卖家商品进行推广并售出后，将以卖家设置的佣金进行支付。卖家也可以在这里随时修改当前商品的淘宝客推广提成，如图7-11所示。

图7-11　设置完成

【开店小窍门】　　　　　做好淘宝客推广的黄金法则

虽然淘宝客推广看起来简单，几步就能设置完成，但是如果你想要更好地利用淘宝客来为你的店铺创造更高的效益，那么在推广过程中还要了解一下推广的法则。

第一，调整好心态，定期及时优化，尽量给淘宝客以最大利益，不要因为支付给淘宝客佣金而觉得少赚了；要看到，淘宝客带来的绝不仅仅是一个买家，而是更多的买家。第二，推广是一项长期的工作，只有长期用心学习总结，吸取他人好的经验，找到最适合自己的推广方法才是最有效的。

新手开始时可以将自己的宝贝佣金设置高些，自己的利润低点，这样才会吸引淘宝客为自己宣传。慢慢地当店铺有销量了，自然就会提升你的流量。当每天都有销量时，这时候可以适当地降低淘宝客佣金，让点利润给自己。

【技能训练】

活动： 利用淘宝客进行推广。

活动目的： 熟练使用淘宝客进行商品推广。

活动器材： 联网的计算机。

活动内容：

（1）要求学生能够熟练掌握加入淘宝客的步骤，建立推广计划。

（2）制定淘宝客推广方案和策略。

（3）教师集中点评每位学生的方案和应对技巧。

7.3　怎样才能做好淘宝客推广

淘宝客是专为淘宝卖家提供淘宝网以外的流量和人力的工具，帮助卖家推广商品，成交后卖家才支付佣金报酬。淘宝客推广是一个有持久推广效果的方法，并且只有成交了才付费，这也是很多卖家为什么喜欢淘宝客推广的主要原因。

7.3.1　如何寻找淘宝客

淘宝客推广的方法有很多种，做淘宝客推广要主动出击，主动去招募淘宝客，吸引淘宝客做推广。

1. 在淘宝联盟吸引买家主动上门

目前有数十万的淘宝客活跃在各个推广领域，与其盲目四处寻找，不如让淘宝客自己找上门。大部分淘宝客每天都会登录一个网站，那就是淘宝联盟。淘宝联盟是一个淘宝客挑选推广对象的站点，淘宝客在淘宝联盟上选择所需推广的商家或商品。

2. 社区活动增加曝光率

淘宝联盟社区是淘宝客聚集交流的场所，卖家可以尽情发挥，吸引淘宝客的关注。社区活动常见的方式有以下几种。

（1）发布招募帖，这是最常见的形式，直接向淘宝客发布招募公告。图7-12所示为在淘宝联盟社区发布的招募帖。

图7-12　招募公告

（2）利用签名档，将签名档设置为店铺招募的宣传语，引导至自己的招募帖，并且积极参与社区中的讨论，热心回答会员的问题，在互动的同时也起到了宣传的作用。

（3）事件营销，社区宣传不一定是广告，有意地策划一些事件，短期内可以迅速积累大量的人气。

（4）主动出击，在社区中有许多乐于分享的淘宝客，这些人往往具有丰富的推广经验，多关注一些经验分享帖的淘宝客，通过回复或站内信与其取得联系。

（5）参与社区活动，小二或社区版主会不定期组织一些社区活动，如征文、访谈等活动，如图7-13所示。

图7-13　会员社区

3. 从数据中挖掘淘宝客

当很多人苦苦寻找新的淘宝客时，往往忽略了已经在推广的人群，他们可能推广量不大，也许是不经意中推广了自己的商品，但他们已经具备了淘宝客的推广能力，如果稍加引导便可以为自己创造更多的推广量。可以通过"我的联盟"每日推广效果报表中的数据挖掘淘宝客，找出那些优质的推广者，然后与他们建立联系，进行更深入的合作。

4. SNS社会化媒体

SNS如人人网、淘江湖、开心网等活跃着众多的营销者，它们往往聚集了大量具有相同兴趣爱好的会员，如购物促销群、时尚群、亲子群等，具有非常精准的客户群，在淘宝客的推广中具有很高的转换率。同时，目前最火的微博也具有相同的属性，通过微博进行推广的淘宝客也越来越多，如图7-14所示。

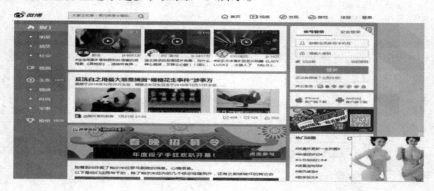

图7-14　微博推广

5. 导购类站点

随着淘宝客的兴起，越来越多的站点加入淘宝导购的行列，团购类、比价类网站如雨后春笋般不断涌出，此类站点聚集了大量的购物人群，是掌柜推广不错的选择，如图7-15所示。

图7-15　百度糯米

7.3.2 吸引更多淘宝客推广

淘宝客是一种可以先看到效果再付费的推广形式。不过优质的淘宝客却不是那么好寻找的，因为优秀的淘宝客需要的是能给自己带来更多收入、更好分成的淘宝卖家。做淘宝客的人成千上万，只要你的产品质量好，佣金比率设置得高，自然会有很多淘宝客为你的产品宣传推广。下面是吸引淘宝客来推广商品的方法。

1. 主推最好的商品打造爆款

不要推广那些滞销的产品，如果推广的产品一点销量都没有，即使设置更高的佣金也都是很难让人有兴趣推广的。热销的宝贝自然比无人问津的宝贝更容易卖出，推广那些热销品不但可以吸引更多的淘宝客推广自己的店铺，还有更重要的一点是可以积累销量。

质量好又热卖的商品，有利于招到淘宝客，也有利于培养忠实的淘宝客。有不少淘宝客把商品推荐给身边的亲朋好友，如果产品质量过硬，可增强他们推广的信心。

在商品的销售中，集中力量重点打造几款高人气的主推宝贝，俗称"爆款"，利用其高人气的特性，带动店内其他商品的销售，即单品制胜。同理，在淘宝客中也存在同样的现象，通过几款拥有大量淘宝客关注的主推商品，同样可以带动店内其他商品推广量的上升。图7-16所示为主推的爆款商品。

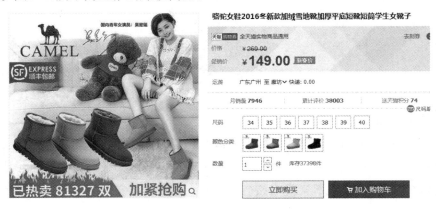

图7-16　爆款商品

2. 设置优秀的标题和简介

突出商品销售价值点。比如这件商品正在搞促销或者有赠品活动，这些最好能在标题和简介里面明确体现出来，这样能在第一时间吸引淘宝客的目光。

3. 额外奖励刺激

如果希望有更多优秀的淘宝客帮助推广商品，除提供高佣金之外，还可以对淘宝客进行推广激励。

4. 搞一些活动，吸引淘宝客的眼球

可以举办一些活动，比如对当月推广成绩在前三名的淘宝客给予奖励，以此吸引淘宝客们，当然发奖金时不要忘了写一个帖子宣传一下自己的店铺。

5. 设计美观的图片

淘宝客推广，大多数选择图片推广，如果图片模糊，推广的效果肯定差。而且那些对自己网站质量要求高点的站长，不美观的商品图片会影响其站点的美观，他肯定不会推广。图7-17所示为商品美观图片。为了避免淘宝客拿你的图片给他人的店铺做推广，请在图片上最明显的位置写上店铺的地址、电话等联络方式。

图7-17 商品图片

6. 注重商品描述

在互联网中，人与人不能面对面地交流，只能用商品描述和图片解释商品，所以要十分注重对商品的描述和对商品图片的展示。淘宝客推广中销售最火爆的商品，都可以用客户的好评、交易记录等来说明该产品的好。而有的店家虽然信誉高、货源充足，但是没有详细的商品描述，照片也很含糊，淘宝客一般不喜欢这样的商品，即使佣金再高也不会推广的。

7. 硬广告加软广告的宣传

在硬广告中写上招募淘宝客，然后放在显眼的广告位上，或者是写软文进行推广，花一点心思写文章，既经济又实惠。

8. 某一单品佣金高设置，吸引人推广

有的店长，比如卖手机的，可能利润不是很高，可以把其中一款商品设置超高佣金，全站设置一个合理的佣金，比如全站3%佣金，某一款手机的佣金高达30%，就当赔本赚人气。

【开店小窍门】　　　　　　　　淘宝客推广商品选择的技巧

把单价较低的商品进行淘宝客推广，要做好薄利多销的准备。众所周知，客户买东西，肯定要货比三家，价比三家。在选择主推宝贝的时候，应当选择一些单价较低的商品，同时低价位的商品也具有较高的利润率，可以为佣金比例的设定留有更大的灵活性。宝贝的价格最好设置在大众能普遍接受的范围内，这样可以获得更多的关注度。

【技能训练】

活动： 制定淘宝客计划。

活动目的： 熟练制定淘宝客促销计划。

活动器材： 联网的计算机。

活动内容：

新建自选淘宝客计划，设置：计划名称"2017双十一促销"，类目佣金10%，起始日期2017年11月1日，结束日期2017年11月11日，并从自己的销售商品中选择要推广的10件商品，如图7-18所示。

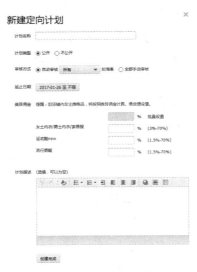

图7-18　新建自选淘宝客计划

巩固与提高

一、单选题

1. 淘宝掌柜参加淘宝客推广要满足（　　）条件。

　　A. 掌柜星级在一心以上　　　　　　　　B. 参加了客户保障计划

　　C. 掌柜的店铺状态是正常的　　　　　　D. 以上说法都对

2. 淘宝客和直通车最大的区别是（　　）。

　　A. 都是淘宝平台的一种推广模式

　　B. 前者是按成交计费，后者按单击付费

　　C. 能让卖家更好地获取流量、取得订单

　　D. 能有针对性地定向推送到指定的目标用户

3. 淘宝先成交后付费的推广模式是（　　）。

　　A. 论坛广告位　　　　　　　　　　　　B. 直通车

　　C. 淘宝客　　　　　　　　　　　　　　D. 钻石展位

4. 下面说法错误的是（　　）。

　　A. 淘宝客推广是一种先成交后付费的推广模式

　　B. 淘宝客推广专为淘宝卖家提供淘宝网以外的流量和人力，帮助推广商品，是卖家推广的新模式

　　C. 淘宝客推广精准到店铺和商品，直击用户需求

　　D. 淘宝客推广是一种先付费的推广模式

5. 淘宝网的评价计分的原则是（　　）。

　　A. 一个好评计一分，中评不计分，差评扣一分

　　B. 一个好评计一分，中评扣一分，差评扣二分

　　C. 一个好评计二分，中评扣一分，差评零分

　　D. 一个好评计一分，中评不扣分，差评不扣分

6. 以下不是钱掌柜的功能的是（　　）。

　　A. 客户关怀　　　　　　　　　　　　　B. 批量评价

　　C. 投诉　　　　　　　　　　　　　　　D. 淘宝客

7. 店铺营销工具中，以下描述正确的是（　　）。

　　A. 搭配套餐是免费工具

　　B. 限时打折工具每月最多60个小时

　　C. 搭配套餐和满就送不能同时使用

D．淘宝客推广是一种先成交后付费的推广模式

8．店铺的买家级别在（　　　）设置。

A．钱掌柜　　　　　　　　　　B．淘宝助理

C．销售中的宝贝　　　　　　　D．淘宝客

9．淘宝转化率的计算方法是（　　　）。

A．转化率=（产生购买行为的客户人数／所有到达店铺的访客人数）×100%

B．转化率=（单击次数/展现次数）×100%

C．转化率=（成交的总笔数/进店客户总数）×100%

D．转化率=（进店客户总数×成交率×单笔平均成交量）×100%

10．对于社会化媒体营销来说，最困难和最重要的是（　　　）。

A．找到合适的传播对象　　　　B．选择传播的媒体渠道

C．增大营销内容的传播动力　　D．组建强健的传播链

二、简答题

1．什么是淘宝客推广？

2．淘宝客的优势有哪些？

3．简述加入淘宝客推广的条件。

4．如何选择淘宝客主推商品？

5．怎样才能做好淘宝客推广？

第 **8** 章
淘宝网常见的促销推广手段

【 **学习目标** 】

知识目标

1. 掌握限时打折、满就送、搭配套餐等促销手段的使用方法和技巧。

2. 熟悉利用友情链接推广的技巧。

3. 了解其他的免费推广方式。

技能目标

1. 能够加入限时打折、满就送、搭配套餐等促销活动。

2. 能够利用限时打折、满就送、搭配套餐等促销手段进行店铺推广。

【 **引导案例** 】

　　我是做茶叶实体店的，不过最近半年的生意不是很景气。在和朋友的一次聊天中，朋友建议我试试在网络上销售，这个方法我以前不是没有想过，只不过觉得目前淘宝上卖茶叶的店铺太多，竞争也很激烈，我现在才起来做恐怕没有什么优势可言，但朋友鼓励我试一试。于是我在淘宝上申请了店铺，交了保证金，请人装修好就正式开张了。但第一个月我一单生意都没做成，朋友向我介绍了淘宝后台的免费推广方法，不用花钱效果还不错，对于像我这样刚开店的最合适不过了。于是按照他说的办法先去淘宝论坛，尝试着在上面发帖，起初我是在上面打广告，但不是发不上去就是发上去没一会儿就被删除了，朋友指出了我的问题，让我多学学，不过我还是弄不清要如何做。

　　于是我上网找方法，在论坛发一些如何挑选茶叶、如何泡茶、茶的营养这类的帖子，经过各种尝试，一个月后，订单明显增多了。

问题：除了淘宝论坛，淘宝网还有哪些免费的工具可以做店铺推广？

8.1　淘宝网常见的促销手段

在网上购物的客户，预算有限，往往都要货比多家。并且网上有如此众多的商家，网店想要吸引买家消费就变得越来越困难。为了在激烈竞争中存活，商家纷纷使出各种营销策略，借此提高店铺的交易量。网店促销是指利用互联网展开的商品营销活动，目的在于加快商品的流通，增加店铺的收入。

8.1.1　限时打折

对于新开的店铺，可以申请淘宝的"限时打折"功能，尽可能让利于买家，一次增加宝贝的成交量，快速累计人气。"限时打折"是淘宝网提供给卖家的一种店铺促销工具，订购了此工具的卖家可以在自己店铺中选择一定数量的商品在一定时间内以低于市场价进行促销活动。

活动期间，买家可以在商品搜索页面根据"限时打折"这个筛选条件找到所有正在打折中的商品，如图8-1所示。

图8-1　限时打折商品

限时打折是一种非常有效的促销手段。如果卖家打算进行限时打折的话，需要进入商家营销中心，购买限时打折、满就送、搭配套餐、优惠券、限购促销等服务。

具体操作步骤如下。

（1）进入卖家中心—营销中心，单击"店铺营销中心"，如图8-2所示。

图8-2　店铺营销中心页面

（2）进入商家营销中心页面，单击"马上订购"，如图8-3所示。

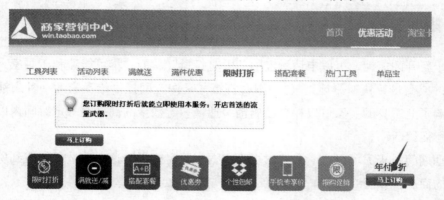

图8-3　单击"马上订购"

（3）进入服务市场页面，单击"立即购买"，如图8-4所示。

图8-4　单击"立即购买"

（4）确认订单，单击"同意并付款"，如图8-5所示。

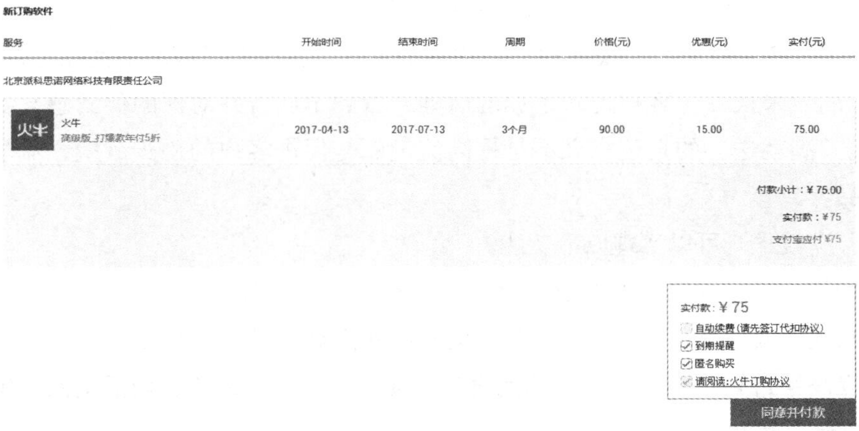

服务	开始时间	结束时间	周期	价格(元)	优惠(元)	实付(元)
北京派科思诺网络科技有限责任公司						
火牛 高级版_打爆款年付5折	2017-04-13	2017-07-13	3个月	90.00	15.00	75.00

付款小计：￥75.00

实付款：￥75

支付宝应付￥75

实付款：￥75
- 自动续费（请先签订代扣协议）
- ☑ 到期提醒
- ☑ 匿名购买
- ☑ 请阅读《火牛订购协议》

同意并付款

图8-5　单击"同意并付款"

采用限时打折促销时需要注意两点。

一是选择流行商品、应急商品、大众化商品、单价不高的商品。限时打折根据不同种类最好定为原价的4～8折，价格不能太低，太低就有假货、滞销货的嫌疑，会使客户生疑。当然，为了考虑吸引力，偶尔拿出一些非常敏感的商品做几次惊爆价格也是可以的，但最好不要频繁。

二是促销时间。很多限时打折促销失败都与时机选择有关。可以选择节假日、周末，特别是有大型促销活动的时候最好，如换季促销、周年庆、购物节等时间，因为这时网上的人流量大，限时抢购的效果就好。

8.1.2　满就送

"满就送"这种促销方式是生活中各大商场和店铺最喜闻乐见的促销方式。当他们把这种促销方式应用到淘宝网店时，只需轻点几下鼠标，就可以制作出吸引人的促销广告。其中"满就送"衍变为"满××元送礼物""满××元减现金""满××元包邮"。卖家根据自身的特点可选择一种也可以选择多种赠送方式，如"满128元包邮并赠送小礼物"。

1. 什么是"满就送"

"满就送"分为"满就减现金""满就送积分""满就免邮费"。顾名思义，卖家通过订购该服务，并进行相应的设置，可以在每个宝贝描述页面中展示店铺的促销信息。

卖家不要以为订购"满就送"以后订单会像雪花一样源源不断地飘过来，不要忘记，商品和服务本身才是订单的基础。"满就送"工具更适合原本就有多流量多订单的掌柜，这个工具可以促使客户购买店铺更多的产品。

"满就送"和"直通车"是两种不同的营销工具，直通车可以增加商家店铺的流量。"满就送"的效果仅在于客户进入了你的店铺，看到了广告并对你的促销感兴趣，才会产生效果。"满就送"的真正意义不是提高流量而是促进客户的购买欲望，流量不过是它的副产品。

开通"满就送"可以实现以下功能。

（1）增加销量。促销活动的设置对增加销量的作用是毋庸置疑的，一些买家为了获得赠品、减现金或包邮，往往比较容易多购买一些商品，或者找朋友一起购买。

（2）提高销售转化率。相对于其他没有活动的同类店铺来说，做活动的店铺的流量和成交量的转化率更高一些。

（3）增加参加活动的机会。淘宝网有时候会举行一些针对参加"满就送"店铺的活动，只有订购了这个服务的卖家才可以参加。

（4）节省人力。当卖家设置好"满就送"功能后，买家购买商品时，达到了设置的优惠标准后系统会自动操作。

（5）突出位置显示。"满就送"最大的好处是可以在各个宝贝页面的突出位置显示。这样的话，有加入直通车的卖家，客户通过直通车广告单击进入宝贝页面时，第一眼就能看到店铺设置的优惠。加大了宝贝被购买的机会，减少了直通车白花钱的风险。

（6）显示到网店的每一个地方。可以通过复制"满就送"代码，将"满就送"促销显示到网店的每一个地方，让客户可以轻易地看到店铺的促销优惠，而不是只有到首页的促销区才能看到促销内容。

2. 送什么才能吸引买家

要想达到好的销售效果，赠品的选择非常重要，赠品的选择可以从以下几个方面考虑。

（1）赠品与主营产品的关联性。所送的赠品最好要和买家所购买的宝贝是有关联的，适合主营产品的客户群。送一些买家用不上的东西，和不送没什么区别。比如买电脑送鼠标，买鼠标送鼠标垫等。如果赠品不适合买家，那么很难达到促进销售的目的。

（2）赠品不能造成买家的不快或其他不好的影响。每个地方都有其风俗或禁忌，所选的赠品不应该给人不好的联想或不吉利的感觉。赠品虽然说是免费赠送的，但前提是赠品不要给买家不好的感觉才能达到预期目的，否则就会适得其反。

（3）美观或适用。赠品虽是免费的，但还是应该具有"美观"和"实用"这两个功能中的一项，否则如果买家拿到了没有什么用处的赠品，就会留下"送也白送"的感觉。

（4）进价便宜。因为是赠品，所以成本要控制好，这就需要从正价宝贝的利润角度来考虑了。赠品的进价要比正价宝贝的纯利润低才不会亏本。当然，赠品的价格越高越有吸引力，但这要因店而异，量力而行。

（5）利于保存，方便邮寄。赠品应该选择轻便不占空间的物品，如果赠品很重，甚至超过1公斤，那么卖家除了担负赠品的成本外，还需要支付赠品的运费，这样增加了成本甚至有可能导致亏本。赠品需要体积小，假如赠品体积很大，包装也麻烦，也会增加卖家的人力及包装成本。另外赠品还要方便保存。赠品最好选择没有保质期和使用期限的物品。如果所选的赠品有保质期，要注意确保赠品在送到买家手中时还在保质期或使用期限内。

8.1.3 搭配套餐

搭配套餐是将几种商品组合在一起设置成套餐来销售，通过促销套餐可以让买家一次性购买更多的商品。提升店铺销售业绩，提高店铺购买转化率，提升销售笔数，增加商品曝光度，节约人力成本。

1. 什么是"搭配套餐"

搭配套餐是将几种商品组合在一起设置成套餐来销售，通过促销套餐可以让买家一次性购买更多的商品。此工具目前不支持虚拟类商品。

2. 使用"搭配套餐"的好处

（1）利用搭配套餐让订单量和店铺人气双重增加，事半功倍。

（2）用搭配套餐组合商品的价格优势，让更多进店的人购买店铺商品。

（3）将搭配套餐用于店铺推广，进而提高整体交易额。

需要注意几个问题。

（1）最多可以设置50个搭配促销套餐。

（2）搭配套餐的总价要低于单个宝贝原价总和。如果搭配总价高于单个宝贝原价总和时，系统将自动按原价总和购买。

（3）搭配套餐最多可以同时搭配5个商品，新搭配套餐里的商品都可以减库存，每个套餐商品都可以由买家评价。

一些买家在购买商品的时候，往往不止购买一种商品，如果能够将自家店铺中几种不同类的商品进行捆绑销售，就可以更好地提高店铺的销售业绩。

要使用搭配套餐，首先需要在卖家中心的营销平台购买对应的营销服务。当购买成功后，选择要捆绑的宝贝以及捆绑价格，增加宝贝的销售概率，图8-6所示为数码相机的搭配套餐。

图8-6　数码相机的搭配套餐

8.1.4　店铺优惠券

店铺优惠券是虚拟电子现金券，是卖家在开通营销套餐后，淘宝网额外给卖家开通的一个超强促销工具，卖家可以在不同充值现金的前提下针对新客户或不同等级的会员发放不同面值的店铺优惠券。买家可以在购买宝贝时使用获得的店铺优惠券抵扣现金。店铺优惠券是淘宝推出的新功能，与淘宝低价券的用法相同，购物时可抵现金。店铺优惠券是由某一店卖家赠送给本店买家的，因而只能在本店使用。

店铺优惠券具有很强的灵活度和选择权利，完全由卖家支配发放的面额、对象及数量，专门用于本店促销活动，店铺优惠券如图8-7所示。

图8-7　店铺优惠券

8.1.5　试用中心

1. 试用中心概述

淘宝试用中心是全国最大的免费试用中心，最专业的试客分享平台。试用中心聚集了上百万个试用机会及亿万客户对各类商品最全面、真实、客观的试用体验报告，为客户提供购买决策。试用中心作为集用户营销、活动营销、口碑营销、商品营销为一体的营销导购平台，为数百万商家提升了品牌价值与影响力。

1）试用中心的业务

（1）免费试用。免费试用是试用中心推出的用户可以完全免费获取试用品的专业试用平台。会员通过试用报告分享试用感受，给商家的商品做出公正、专业的描述，从而帮助其他客户做出购物决策，找到真正适合自己的商品。

（2）试用报告。试客在成功申请到免费试用品后，需要提交试用报告。试用报告是会员对商品品质、性能等试用体验后做出的客观真实的试用感受。试用报告支持文字、图片、视频等多种内容呈现方式，富有真实的场景感，从而为其他客户提供购物参考，找到真正适合自己的商品。试用报告可以通过赞、转发和评论等方式产生互动，同时可以为试用品起到口碑推广的作用。试用中心会对优质试用报告进行"精华"评定，在"试用报告写作基本要求"的前提下，针对各类目商品不同特性做出精彩展示的报告可被评为精华报告，并在试用报告频道作展现；提供试用品的商家也有着"商家推荐"评定，受到商家赞赏的报告会被商家评为商家推荐报告。

2）试用中心入口

淘宝试用中心为全国最大的免费试用平台，市场占有率为83%，日均流量超千万，活跃用户超过5 000万。试用中心覆盖美容、日化、家居、数码、服饰、食品、房产、汽车等超过15个类目。

免费试用能够给客户带来一种安全感，人们往往喜欢免费的东西，也更喜欢试用后再买。越来越多的商家选择免费试用这种推广方式来树立店铺的品牌和形象。由于试用产品大多都是免费的，所以它被越来越多的买家所喜爱。有以下方法可以进入试用中心。

（1）打开淘宝网首页，单击"网站导航"下的"试用"，如图8-8所示。

图8-8　单击"试用"

（2）在浏览器中直接输入地址https://try.taobao.com/或https://shishi.taobao.com/，进入阿里试用平台，如图8-9所示。

图8-9　阿里试用平台

2. 试用中心的好处

在试用期间可以极大地增加店铺的曝光率和成交量，同时卖家还能得到宝贵的产品试用反馈。在赢得巨大流量和好评的同时，卖家也在淘宝树立了强大的品牌和店铺形象。具体来说，加入试用中心有如下好处。

（1）网店试用推广赢好评。试用推广就是网店商家免费把商品发放给买家试用，通过买家试用影响买家购买商品。商家用商品来赢得买家的好评，再把这些买家好评发布到店铺宝贝详情页面中，让其他买家可以看到这些好评，提高买家对商品的好感，进而促成买家成交。图8-10所示为通过试用获得好评。

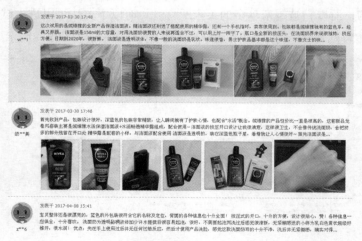

图8-10　通过试用获得好评

（2）借试用营销提高店铺曝光率，扩大店铺知名度。大部分人买东西想要得到更优惠的价格，而如果能免费得到东西，就能调动其参与活动的积极性，刺激他们想要得到这个免费东西的欲望。因此网店借试用营销，在试用推广平台发布免费试用活动，能快速吸引大量客户的关注。如图8-11所示，妮维雅水龙卷新品试用，7 761人已申请，已有4 916人购买，可以获得更多的流量。当销量越大、评价越高时购买转化率越高，在淘宝关键字搜索时，该类商品拍卖就越靠前。

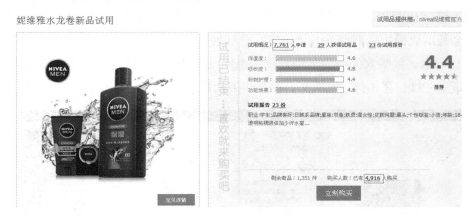

图8-11　7 761人已申请

（3）借试用营销收集店铺宝贝图片。在网店进行试用营销过程中，得到试用资格的试客在拿到试用品之后，会提交一份图文结合的精美试用报告，收集这些试用报告里面关于店铺宝贝的图片，把这些图片展示于店铺中，一方面能节省店铺本身的摄影成本，另一方面也能作为店铺的一个销售见证，还能给店铺买家提供一种搭配建议，促进交易的成交。

（4）借试用营销完善店铺详情页。试客的试用报告中会有店铺商品的详细体验过程，有图片、有描述，如图8-12所示。店铺商品的详情页面也是关乎店铺转化率的一个

图8-12　试用报告中会有图片和描述

重要环节，详情页的描述与图片的好坏将直接影响买家购买。因此店铺借试用营销得到的试用报告，经过整理，运用到店铺详情页面中，可完善店铺商品描述，能够尽量让店铺商品与实物相符，有利于店铺搜索排名，给店铺引入更多流量。

（5）借试用营销，让买家帮助宣传店铺。在店铺发布试用活动之后，试客得到试用品，会帮助店铺把店铺商品及体验感受分享到新浪微博、腾讯微博、QQ空间等地方，如图8-13所示。以买家的身份帮助宣传店铺商品，让店铺获得更多买家的关注与信赖，给店铺带来一批试客粉丝跟随购买，提高店铺销量。

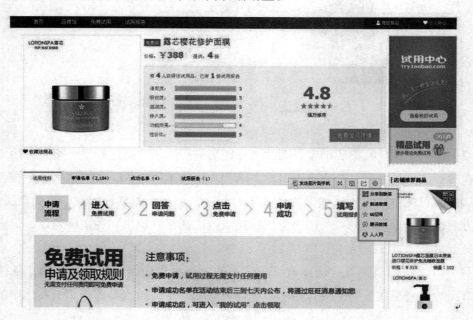

图8-13　把店铺商品及体验感受分享到微博

（6）在试用推广中多跟买家交流，了解买家对店铺的服务及商品的满意度。试用推广就是一个提供商家与买家面对面互动交流的平台。在买家试用商品过程中，卖家多与买家交流，了解买家对店铺不满意的地方并加以改善，完善店铺商品及服务，提高店铺信誉度，让其他买家放心购买店铺的商品，促进其他买家交易的成交。

（7）商家每日通过试用中心直接或间接达成的交易量大大超过平时，新上线的试用折扣价将更大地促进商品成交量。

3．参加试用

淘宝试用中心针对快速消费品推出"只需支付邮费，即可免费领取"的超值购物模式，用户只需支付较低的邮费和扣除相应的淘金币即可立即成功申领试用品。

1）报名条件

店铺要求：

（1）集市店铺一钻以上 / 店铺评分 4.6 以上 / 加入消保；

（2）商城店铺店铺综合评分 4.6 分以上；

（3）店铺无严重违规及售假处罚扣分。

商品要求：

（1）试用品必须为原厂出产的合格全新且在保质期内的产品；

（2）试用品总价值（报名价×数量）需不低于 1 500 元，价格不得虚高；

（3）试用品免费发送给客户，客户产出试用报告，商品无须返还卖家；

（4）大家电入驻菜鸟仓库、天猫物流宝及天猫国际的商品会采用名单发放的形式，不会生成订单，请商家按试用后台名单发货；

（5）凡是报名参加试用活动的商品，在无线端系统会自动设置收藏店铺申请条件，商家无须设置；PC 端系统不做申请条件设置。

注意：如报名包含多个 sku（sku 是指一款商品，每款都有出现一个 sku，便于电商品牌识别商品；一款商品多色，则是有多个 sku。例如，一件衣服，有红色、白色、蓝色，则 sku 编码也不相同，如相同则会出现混淆，发错货。）的商品，系统会随机选择 sku 下单，建议双方协商发货，如果协商不了，商家需按照报名的 sku 发货。为避免损失，建议下架其余不期望参加活动的 sku，谨慎报名。

2）卖家试用中心报名

卖家报名付邮试用的宝贝价格必须在 10 元内并且包邮，一个月内销量在 10 个以上，800 件起（下午场 300 件起），好评数在 5 个以上，宝贝一个月内成交记录不得低于商品报名时原价的销售记录。

具体操作步骤如下。

（1）打开淘宝试用中心首页（https://shishi.taobao.com/），单击顶部的"报名免费试用"，如图 8-14 所示。

图8-14　选择"报名免费试用"

（2）接下来选择排期，选择参加活动的日期，单击"我要报名"，如图8-15所示。

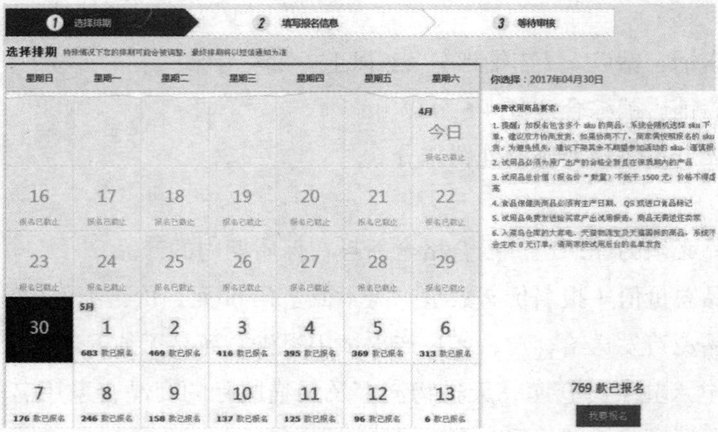

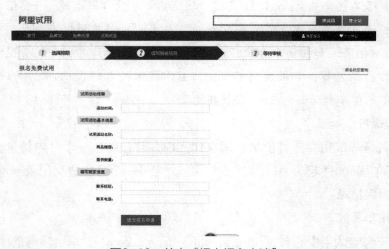

图8-15　单击"我要报名"

（3）打开填写报名信息的页面，根据需要填写报名商品的信息，单击"提交报名申请"，如图8-16所示。

图8-16　单击"提交报名申请"

（4）在试用商品提交成功后，小二会在一周内审核完成。

4. 试用中心的应用

如何最大限度利用淘宝试用中心？下面提供几种方法。

1）打造爆款

在店铺中先打造一些爆款，再利用爆款带动整个店铺的流量和销量，整个店铺健康运营后就需要考虑如何把店铺做大、做强，向品牌化发展。

首先，打造爆款是为了提升销量。其次，打造爆款是为了提升人气，获得利润，以及带动整店商品销售。图8-17所示为一款格子套装免费试用页面，可以看到申请人数达5 011人，已有2 290人购买。

图8-17　免费试用页面

下面是利用试用中心打造爆款产品的一些经验。

（1）找对产品的目标人群，学会定位消费群体，除了群体外还要有适合的时机，时机可以是店庆、节日。然而，并不是所有的爆款都可以在短时间内打造，如果没有各方面的资源，打造爆款过程是相当漫长的。

（2）有一个明确的目的，在打造爆款的同时又规划店铺的发展，仔细地琢磨在打造爆款之后的店铺发展方向。

（3）客户是成就爆款的衣食父母，任何一个爆款成就的过程中，失去客户的参与这个链条，就等于无源之水、无本之木。

（4）保证正品。在试用活动的爆款打造过程中，对品质的要求绝不能马虎，诚信是根本，注重品牌建设，对口碑更应重视。

（5）店内促销活动同步进行，赠品环节也要细心对待。赠品包装精致，保证品质，客户才会感受到店主的细心。

　2）关联销售

关联销售是试用活动效果的主要考核之一，这一块做好了才能减少参加试用中心的亏损。关联销售非常重要，要精挑细选出店内近一个月内热销、收藏量大的宝贝以及新品作为活动关联促销产品，在店铺页面用多种促销活动连带促销。图8-18所示为参加免费试用的店铺里的关联销售活动。

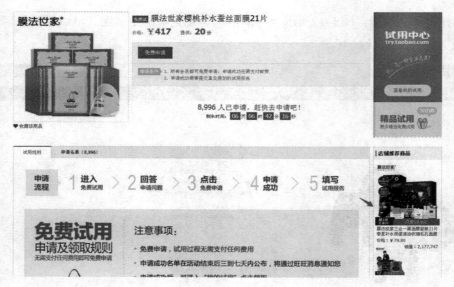

图8-18　关联销售

在做好关联销售时要注意如下事项。

（1）页面做好相关产品的搭配套餐、限时打折，能包邮的尽量全场包邮。

（2）参加活动的款式备货充足，能完全满足活动需求，重视商品质量，坚决不让不合格商品流入市场。

（3）参加活动的商品及重点主推商品的宝贝描述页要力求完善，图片力求完美，图文详细、全面地介绍活动商品的详情、特点，让买家全方位了解欲购商品，提高自主购买率。

（4）在活动详情页，针对客户可能提出的问题，先在商品描述里面说清楚，以减少客服的工作压力。

（5）做好客服工作，解决客户疑问，客服的旺旺上都设置好快捷短语，介绍本次活动及店里其他活动，争取做到尽量让每个进入店铺的买家都满意。

（6）仓库预先做好全部包装准备，并严格审单。提前联系好物流公司，确保在规定时间内完成发货，让买到商品的买家少些等待。

3）口碑效应

淘宝卖家利用试用中心进行口碑营销，买家则利用试用中心进行免费使用，可谓一举两得。试用推广得到的不仅是一大批潜在买家，更是一大批能够帮店铺宣传和推广的买家。还可以引导他们成为店铺长期的宣传推广员和忠实的买家。

向买家派发试用产品，从而获得大量买家使用过程中真实的感受和评价，从而分析出买家对产品的使用方式、态度和评价。买家对试用产品的感受和评价及对品牌的认知广泛地传播开来并影响着其他买家。图8-19所示为试用报告中口碑效应。

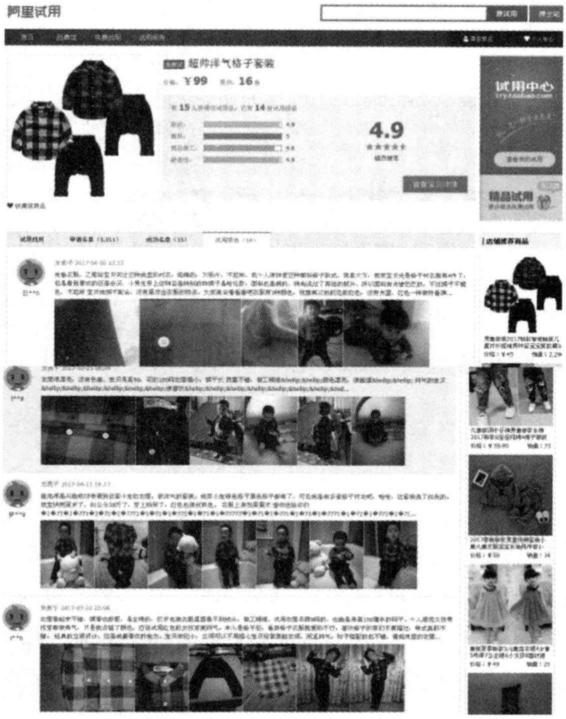

图8-19　试用报告中口碑效应

【开店小窍门】　　　　　促销工具的使用窍门

1. 满就送不要设定过高或者过低的活动达标金额。

2. 向客户承诺的服务和优惠一定要按时按量地做到。

3. 套餐搭配避免同款多色或者相近型号的累加方式。

4. 套餐搭配的五个组合位置不是一定要放满的。

5. 建议采用产品线或者配件搭配方法来做促销。

【技能训练】

活动： 淘宝网免费促销手段。

活动目的： 限时打折、满就送、搭配套餐、店铺优惠券。

活动器材： 联网的计算机。

活动内容：

（1）登录淘宝网，任选几家参加限时打折和满就送活动的店铺，分析比较其促销活动特点。

（2）登录淘宝网，任选几家参加搭配套餐、店铺优惠券促销活动的店铺，分析比较其促销活动特点。

（3）进入阿里试用，了解卖家参加免费试用的条件及注意事项。

8.2 淘宝网免费的推广手段

目前淘宝网上有各种各样的免费推广店铺的方法，如登录搜索引擎、登录导航网站、聊天交互工具、互换友情链接、BBS论坛宣传、信用评价等。

8.2.1 淘宝论坛

刚进入淘宝的新手卖家，一般都知道一个闻名于淘宝的推广方法，那就是到淘宝论坛发帖回帖，以此吸引流量，给自己的店铺做推广。这个方法做好了效果一定是很好的，但关键是发的帖子要有人看，回帖要有内涵，才能使之脱颖而出。

精华帖是论坛中的一种帖子，是被版主或管理员加为精华的帖子，一般此类帖子内容丰富，有较高的阅读价值，可以被回复，而且作者可以修改原帖，论坛中的精华帖一般都被置顶了，便于浏览者查看。精华帖有时能带来成千上万的流量，那么怎样才能写出精华帖呢？

1. 精华帖的编写原则

（1）帖子首先要符合三项基本原则，即原创、好帖、不违反发帖规则，这是一切精华帖的基础。其中"好帖"这一原则稍显主观，其他原则基本上都是客观的，但是"好帖"也还是有其相对客观的标准的，这个标准就是大部分人的判断标准，管理员一般是不会以自己的欣赏眼光作为标准来看帖子的，而是尽量地用大众的眼光和尺度去判断和衡量帖子。因此，只要帖子超过了大部分人的水平，那帖子被"加精"的可能性就大大提高了。

（2）内容要尽可能翔实。所谓翔实，就是既详细又实用。精华帖大部分字数都在2 000字以上，最高的可以达到16 000字，平均字数在3 000字左右。

（3）帖子图文并茂且要原创。一般情况下，图文并茂的帖子比纯文字说教的帖子对大家更有帮助。那些教程类的帖子图文并茂，让人更容易学习，所以这类帖子多数被加精。

（4）帖子内容要尽可能地符合版面的主旨。一个萝卜一个坑，在论坛中每个版面都有它自己的定位，虽然很多人很难做到完全切合，但至少不能完全不符合。比如把一个纯文学性的帖子发到经验畅谈板块，即便文笔再好，也不可能被加精。所以帖子内容要符合版面主旨是迈向精华帖的第一步。

（5）多总结各种问题的经验、教训和心得。在经营网店的过程中，卖家总会碰到各种各样的问题，在处理这些问题时，总会有心得体会，不管是成功的经验还是失败的教训，对自己、对别人都是一笔宝贵的财富。所以要多做总结，各种各样的总结帖也是精华帖的主要来源之一。

（6）帖子题目要好。帖子题目要起得好，这点对帖子被加精是很重要的。因为别人都是先通过看帖子题目才阅读全文的，一个好的题目需要引人入胜，一目了然。如"保证抢到首页广告位的诀窍"，这个标题让人一看就明白，而且有学习的欲望，这样就能吸引人点击阅读。

（7）帖子的排版要尽可能美观。帖子要尽可能做到字体大小适中、段落长短适中、颜色搭配和谐、表情运用巧妙这四个要点。

（8）多学习别人的精华帖。在写精华帖之前，必须要经历一段漫长的学习期，多到经验板块学习，特别是精华区学习。写出好帖子只是完成了第一步，论坛管理员平时非常忙碌，他们自己有店铺要管，还要管理论坛，要想成功加精，还需要主动申请成为精华帖。

2. 精华帖题材的选用技巧

（1）精华帖的题材必须是能够引起广大淘友们关注的内容。帖子题材的选定是这个帖子能否成功的必然条件。在发帖之前首先要明确发表的帖子能够给别人带来什么收获，也就是说这个帖子亮点在哪里，靠什么让别人来关注这个帖子。有些帖子之所以有很高的浏览量，是因为帖子能够给别人带来收获或快乐。

（2）围绕社会焦点，发表自己看法。社会焦点往往是某一时段里网民最关注的话题。作为专职卖家，应该时刻关注互联网上的焦点问题，如果你有自己独特的看法，不妨写出来。如果你的见解既合理又独特，也会吸引大批淘友跟随你、支持你，从而不断为你顶帖，你的帖子想不火都不行。如可以分享创业经验。每个人都有一段故事，在淘宝世界里，你的创业经历也许就能感动别人，你在某方面的经验或许能让有些人少走几道弯路，图8-20所示为分享创业经验的精华帖实例。

（3）搜集整理热点话题。如果没有很好的文笔，也可以转载别人的帖子。把当前买家、卖家最关注的话题资料整理并放在一个主帖里，别人在你的帖子里就可以找到自己想要的内容，这样的帖子主要是方便他人阅读，帮他人节省宝贵的时间。方便了别人的同时，其实也方便了自己。

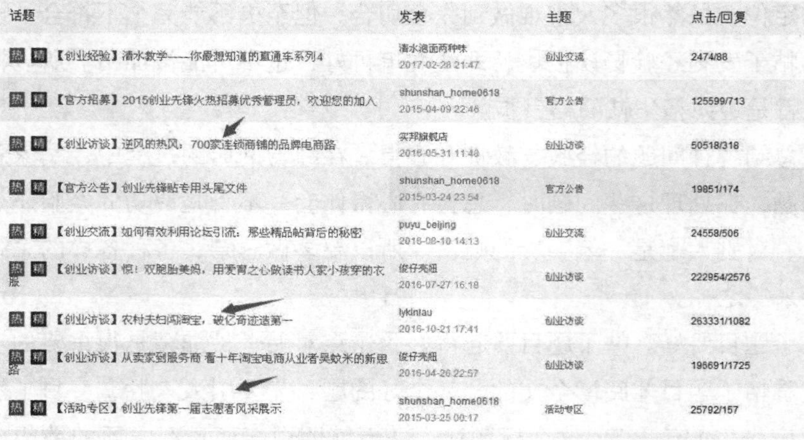

话题	发表	主题	点击/回复
热 精 【创业经验】清水教学——你最想知道的直通车系列4	清水泡面两种味 2017-02-28 21:47	创业交流	2474/88
热 精 【官方招募】2015创业先锋火热招募优秀管理员，欢迎您的加入	shunshan_home0618 2015-04-09 22:46	官方公告	125599/713
热 精 【创业访谈】逆风的热风：700家连锁商铺的品牌电商路	实邦旗舰店 2016-05-31 11:48	创业访谈	50518/318
热 精 【官方公告】创业先锋帖专用头尾文件	shunshan_home0618 2015-03-24 23:54	官方公告	19851/174
热 精 【创业交流】如何有效利用论坛引流：那些精品帖背后的秘密	puyu_beijing 2016-08-10 14:13	创业交流	24558/506
热 精 【创业访谈】惊！双胞胎美妈，用爱育之心做读书人家小孩穿的衣服	傚仔亮妞 2016-07-27 16:18	创业访谈	222954/2576
热 精 【创业访谈】农村夫妇闯淘宝，破亿奇迹造第一	lykinlau 2016-10-21 17:41	创业访谈	263331/1082
热 精 【创业访谈】从卖家到服务商 看十年淘宝电商从业者吴蚊米的新思路	傚仔亮妞 2016-04-26 22:57	创业访谈	195691/1725
热 精 【活动专区】创业先锋第一届志愿者风采展示	shunshan_home0618 2015-03-25 00:17	活动专区	25792/157

图8-20　分享创业经验的精华帖

（4）根据自己的成功经验和专业知识来确定帖子的题材。帖子的题材必须是自己的经验或者是自己的亲身经历。很多新手卖家，自己没有成功的经验，写不出好的经验帖。虽然新手卖家经验不足，不能像一些大卖家那样写出高深的帖子，但是也可以写出自己的感受和一些成功的小经验，这样也可以帮助中小卖家。新手卖家应该总结自己在开店中摸索出来的一些成功经验，或者是一些教训，这些根据自己亲身经历写出来的帖子才是最真实有效的，也是最能够打动其他卖家的。

（5）根据帖子的题材选择要发表在论坛的哪个板块。根据帖子的题材选择发布在论坛中哪个板块，即使写出一篇很好的帖子，如果选不对论坛板块发表也是无济于事的。

（6）做植入式软广告。如果帖子写得很好，吸引了很多人浏览，但是却没有为店铺带来实际的流量那也是徒劳的。但是，淘宝论坛又严令禁止发广告帖，所以有必要对帖子植入一些软广告。所谓植入软广告就是在帖子里以非常隐蔽的方式，暗示潜在客户，让他们主动光临你的店铺，但是又让他们感觉不出来这是一个广告。

一般那些写自己在淘宝开店故事的帖子都属于植入式广告，他们会“无意中”在故事里透露自己店铺的经营情况。

3. 发帖的技巧

（1）回帖顶帖。很多买家都有辛辛苦苦发的帖子都石沉大海没有了消息的经历。大部分人写过的帖子都基本没有管理，这样的帖子很难吸引人。发了帖子以后，还需要不断回帖顶帖，不然就会真的石沉大海了。有时候可以用自己发帖的账号去回帖，但是多了不行，还需要注册一两个备用的号，专门用来回帖顶帖。可以先用这些备用的账号去顶帖，再用发主帖的那个账号去回复，需要有一定的时间间隔。那些上万点击量的帖子都是不断地被顶帖，不断地在首页显示才获得的。一般这样的持续顶帖一个星期左右就差不多了，因为论坛中对这个帖子感兴趣的人大部分都已经看过了，他们不会再继续重复看帖子。所以这时就应该重新发起另外一个类型的帖子，再吸引一批人，再次刺激他们的欲望。

（2）在论坛高效发帖。论坛是一个热闹的地方，人流量大，也是一个很好的免费推广的场所。在发帖之前先去帮助中心看看论坛规则，对什么能发、什么不能发做到心中有数。

首先，在发表帖子的时候要找对版面，只有选择了正确的发表版面才能让潜在客户更准确地找到自己所关注的帖子。如果选择的版面不对，帖子不但不会被加精，流量也会非常少，如图8-21所示。

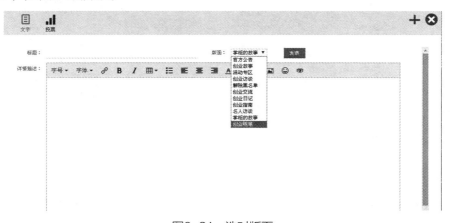

图8-21　选对版面

其次，和网站的版主管理员搞好关系。如果感觉自己的帖子很好，可以直接推荐给版主。版主的旺旺ID显示在社区板块的右上方，用户随时都可以把帖子发给他们，让他们帮忙评估这个帖子是否有资格获得加精甚至置顶的机会。也可以自己申请当管理员，不但可以享受丰厚的待遇，还拥有更多网店运营培训的机会。

最后，在最好的时间段发帖。一天中最好的发帖时间有两个：第一个是在11时至14时之间，第二个是在19时至22时之间。因为这些时候论坛的流量最高，此时发帖的回帖率一般都比较高。另外，还可以特别注意在节假日发帖。

8.2.2　添加友情链接

友情链接是具有一定互补优势的网店之间的简单合作形式，即分别在自己的网店上放置对方网店的店标或名称并设置对方网店的超链接，达到互相推广的目的。交换链接的作用主要表现在几个方面：获得访问量、增加用户浏览时的印象、在搜索引擎排名中增加优势、通过合作网店的推荐增加访问者的可信度等。特别是一些交易量比较大、信誉度比较高的卖家交换友情链接。通过交换店铺链接，形成一个互助网络，增进彼此的影响力。在其他卖家的店铺首页，买家只要单击友情链接，就可以直接访问相应的友情店铺。

1. 添加方法

添加友情链接的具体操作步骤如下。

（1）登录"我的淘宝"，单击顶部的"卖家中心"链接，进入卖家中心，单击"店铺管理"—"店铺装修"链接，如图8-22所示。

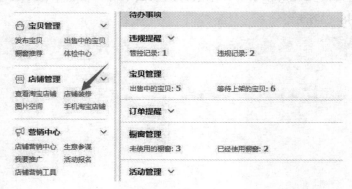

图8-22　单击"店铺装修"

（2）打开店铺装修页面，在该页面中将鼠标放置在"友情链接"上面，单击"编辑"按钮，如图8-23所示。

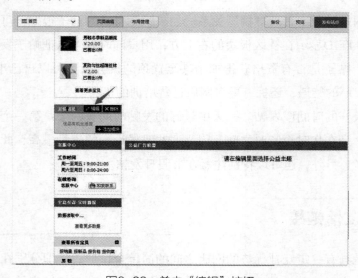

图8-23　单击"编辑"按钮

（3）打开"友情链接"对话列表框，单击底部的"添加"按钮，如图8-24所示。

图8-24　单击"添加"按钮

（4）弹出链接文本框，输入链接名称、链接地址和链接说明，如图8-25所示，单击"保存"成功添加友情链接。

图8-25　输入链接信息

2. 友情链接的好处

（1）添加了友情链接的店铺整体上比较完善，可以提高店铺档次。如果店铺里的友情链接很多，还会让买家觉得你的店铺非常专业。

（2）在与其他的店铺交换友情链接时，有机会与其共享买家，无形中增加了自己店铺的浏览量，成交量也会增加不少。

（3）如果能够链接到有PR值（PR值全称为PageRank，用来表现网页等级的一个标准，级别从0到10，是Google用于评测一个网页"重要性"的一种方法）的店铺，那么对商品收录或是搜索排名都会有益处，省心的同时，还可以带来更多的目标客户。

3. 友情链接的使用技巧

（1）和朋友交换链接。如果你有在淘宝开店的朋友，互相交换一下链接，可以给店铺增加人气，但是值得注意的是在交换链接时也要有目标，最好不要和销售同一类商品的店铺交换链接，如果他的商品有优势，那么你的客户就会跑到他的店铺买东西去了。可以和相关的店铺交换链接，比如你的店铺是销售化妆品的，建议和卖女装、饰品的店铺进行友情链接。

（2）与比自己级别高的店铺交换链接。一般情况下，与比自己级别高的店铺交换链接是有难度的。但凡事都不是绝对的，尤其是一些新手卖家，要学会虚心请教。因为这些级别较高的用户也都是从新店做起的，有些人能够体会到新手的困难，有可能会跟你的店铺交换链接。

（3）与同级别店铺交换链接。可以和自己级别差不多的店铺，相互交换链接，于人于己都有好处。

（4）与新手的店铺交换链接。一般情况下，新手卖家想和你交换链接有两种可能：一种是你的信誉高，可以共享客户；另一种是他们发自内心地欣赏你的店铺，能够看出你的优势。这对于你的店铺来说不会有什么损失，反而会提高店铺的访问量。

（5）可以与合作伙伴的店铺交换链接。

总之，对店铺的友情链接要学会合理安排。另外，店铺的信誉也是非常重要的，卖家在选择时一定要选择信誉和销售量高的，否则也会带来负面影响。

8.2.3 其他免费推广方式

除了可以使用论坛推广和友情链接等方式推广店铺外，还有其他的免费推广方式。

1. 相互收藏店铺，增加人气互相推广

生意场的竞争者既是对手也是老师，有时候还是指引你前进的明灯，让你少走很多弯路。因此可以找几家店铺作为关注对象。从店铺店标下面的"收藏"栏里可以了解买家收藏了哪些宝贝，因为如果有买家收藏，说明这些宝贝是买家需要的。收藏别人店铺的具体操作步骤如下。

（1）进入淘宝网首页，在搜索栏中输入店铺类型搜索店铺，单击店标、店名或会员名，打开需要收藏的店铺。

（2）单击"收藏店铺"链接，如图8-26所示，弹出"收藏选项设置"页面，显示

"成功加入收藏夹"，如图8-27所示。

图8-26　收藏的店铺　　　　　　　　图8-27　店铺收藏成功

2. 利用拍卖拉人气

一元拍卖或低价拍卖，可以吸引不少买家。拍卖物品的出价次数和浏览量高并不仅仅意味着对此件宝贝关注的人多，而是店铺的关注率都上升了，这对一个店铺来说是非常重要的。访问量增加了，购买概率才会增加。图8-28所示为利用拍卖提高人气。

图8-28　拍卖的宝贝

买家通常会有这样的想法：这个卖家有如此超值的东西拿出来拍卖，那店铺可能还有别的好东西，一旦真的看到还有自己需要的价廉物美的东西，就一并购买了，还可以节省一次邮费。

3. 设置VIP会员卡推广

许多持卡会员已形成使用卡的习惯，在看中一件商品后，会搜索是否有支持VIP卡的同样商品。面对数百万的持卡会员，交易更容易成交。促销频道、周末疯狂购等活动只针对设置VIP卡功能的商品开放。

设置VIP卡的好处如下。

（1）提高商品的曝光率。

（2）吸引使用VIP卡购物的部分买家。

（3）丰富店铺的宣传和营销手段。

（4）让买家能够通过不同途径看到和买到自己的商品。淘宝首页有专门的VIP卡搜索通道，让买家更好地找到店主，买家搜索的时候可以勾选"VIP搜索"复选框。

（5）增加客户体验。VIP买家购买店里的东西时，如果商品设置了VIP，就会令买家感觉自己很尊贵。

卖家设置VIP卡的具体操作步骤如下。

（1）登录"我的淘宝"，在"出售中的宝贝"中，单击"设置淘宝VIP"按钮，如图8-29所示。

图8-29　单击"设置淘宝VIP"按钮

（2）在页面中对每个宝贝进行不同级别折扣的设置，如图8-30所示。

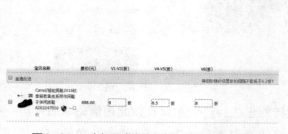

图8-30　对宝贝进行不同级别折扣的设置

（3）单击"参加"按钮，设置成功，如图8-31所示。

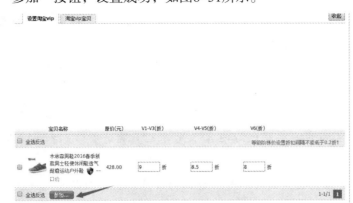

图8-31　VIP促销设置成功

【开店小窍门】　　　　　参加淘分享跟随购

淘宝推出了一种全新的推广方式——"淘分享"，可以让客户通过"爱逛街"平台对购买的商品进行分享。对于卖家来说，通过这个方法可以大大提高店铺流量及宝贝的曝光度。

"爱逛街"就是原来的"哇哦"，现在已经进行了升级，不需要卖家进行任何申请。所有买家在"爱逛街"首页（http://guang.taobao.com/）可以进入我的淘宝，选择自己购买过的宝贝进行分享，那么就可以让买家帮助店家推广他们的产品，让更多人看见。

【案例】　　　如何有效利用论坛引流：那些精华帖背后的秘密

经常逛论坛的淘宝卖家，大概无外乎两个目的：一是向前辈高人取经；二是利用论坛为自己的店铺引流，进而促进销售。

想利用论坛引流，光靠发广告是行不通的，因为凡是出现店铺名称、联系方式等的帖子很快会被管理员删除，经常发广告还会被永久封号。因为淘宝搜索规则的限制，也难以真正起效。论坛说到底，是一个卖家相互交流的社区，所以，想利用论坛引流，好好写出几篇高质量的帖子才是正道。

我自己的店铺，可以说就是靠论坛引流才坚持到了今天。在我店铺刚开、销量还是0的时候，我在淘宝创业先锋论坛发表了第一篇原创帖子，被管理员加精，给我带来了第一笔订单，实现了销量0的突破。后来，我的另一篇帖子被论坛官方，在2017年6·18

和双11两次大促之前，免费弹窗推广一周，我的店铺这才走到了3心这个分水岭。由于我在店铺经营方面做得并不好，如此大的流量带来的转化也很有限。如果这个推广资源用在成熟店铺，成交额将会相当惊人。

看到这里，各位卖家肯定已经垂涎三尺了，想知道到底什么样的帖子才能得到推广资源？

能得到推广资源的帖子，必须有好的内容，或是对大家有参考借鉴的价值或是激发大家的斗志产生共鸣。要写出好内容，简言之，就是少炒别人的冷饭，多讲自己的事情。

那些所谓的创业经验，如果不是出自你的亲身体会，而是总结照搬别人的，千篇一律，千人一面，就没有太多意义。一是照搬的经验没有亲身经历不可能彻底领悟，只不过是泛泛而谈，读者也就是泛泛地看过，不会对你有太深印象，更不可能进你的店铺浏览购物。二是如果你只是一个心级小卖家，却大谈特谈创业经验，还说得头头是道，你觉得别人会信吗？官方有可能去推这样不靠谱的帖子吗？

然而讲自己的故事则完全不同，只要你是淘宝的卖家，无论店铺大小、级别高低，你总有自己的故事可说。好好利用故事宣传自己和店铺，就会有读者因为对你的好感而进店购买。如果你写得足够好，又非常符合淘宝的主流价值观，就有可能获得官方资源的推广。

当然，如果你是网店高手，愿意无私分享一些亲身实践的宝贵经验，这样的帖子更是精品中的精品，当然也是官方资源的推广对象。除了帖子的内容本身，标题也要具有吸引力，最好切中广大卖家的需求点、关注点，这样才能吸引更多的人单击和阅读。

有了好的内容和好的标题，帖子就有了好的基础，但即便如此，怎么还是感觉帖子被加精好难？也许有细心的卖家会发现，怎么置顶的精品帖子总是那么一批人的呢？这里面当然也有"终南捷径"。

普通卖家在论坛发的帖子之所以感觉加精都很困难，那是因为需要排队等待管理员审核，由于管理员人数有限、精力有限，论坛帖子的数量又如此庞大，有些好帖子还没等管理员看到，就已经沉底了。而在策划、记者两个组内的成员，他们的帖子是论坛安排的任务，有专人负责审核，还会有人培训。所以，组内成员的帖子被加精及获得其他官方推广资源的概率就要大很多。

【技能训练】

活动：淘宝免费推广工具。

活动目的：利用评价管理、拍卖、VIP优惠券推广。

活动器材：联网的计算机。

活动内容：

（1）登录淘宝网，进入卖家中心设置VIP卡，发布优惠券。

（2）筛选出一款产品来做拍卖，提高店铺的人气和流量。

巩固 与 提高

一、单选题

1. 与实体店相比，网店最大的特点就是（　　）。

    A．实惠 　　　　　　　　　　　B．虚拟性

    C．商品繁多 　　　　　　　　　D．快捷性

2. 当客户第一次光临店铺时，其关注的通常是产品的（　　）、相关说明、价格、卖家信誉、店铺的专业性与整体感觉等。

    A．标题 　　　　　　　　　　　B．产品质量

    C．图片 　　　　　　　　　　　D．店面

3. 采用限时打折促销时需要注意的问题是（　　）。

    A．促销时间 　　　　　　　　　B．买家信誉

    C．买家所在区域 　　　　　　　D．商品的单价

4. 用好"满就送"的技巧有（　　）。

    A．促销活动主题的确定 　　　　B．严格筛选买家

    C．可以赔本促销 　　　　　　　D．不用考虑进货成本

5. 使用"搭配套餐"的好处有（　　）。

    A．可以把过期的食品处理掉 　　B．搭配促销套餐个数不收限制

    C．提高整体交易额 　　　　　　D．可以打败竞争对手

6. 参加试用中心的店铺要求：（　　）。

    A．集市店铺：一钻以上 / 店铺评分 4.6 以上 / 加入消保

    B．商城店铺：店铺综合评分 3 分以上

    C．店铺无严重违规及售假处罚扣分

    D．任何店铺都可参加

7. 精华帖题材的选用技巧有（　　）。

    A．精华帖的题材必须是能够引起广大淘友们关注的内容

    B．围绕社会焦点，发表他人的看法

C．不一定非要选用热点话题

D．注意大力推广自己的店铺和产品

8．关于友情链接的说法正确的是（　　）。

A．店铺添加的友情链接越多越好

B．没必要与新手的店铺交换链接

C．只和比自己级别高的店铺交换链接

D．友情链接会有更多的机会与别的店铺共享买家

9．下面不是设置VIP卡的好处的有（　　）。

A．不会提高商品的曝光率

B．吸引使用VIP卡购物的部分买家

C．丰富店铺的宣传和营销手段

D．让买家能够通过不同途径看到和买到自己的商品

10．原创帖子必须是大于（　　）个中文字长的帖子，否则将不会被打上原创的标记。

A．50　　　　　　　B．100　　　　　　　C．150　　　　　　　D．200

二、简答题

1．开通"满就送"可以实现哪些功能？

2．使用"搭配套餐"的好处有哪些？

3．试用中心的好处有哪些？

4．精华帖的编写原则是什么？

5．友情链接的使用技巧有哪些？

第**9**章

淘宝直通车与钻石展位

【学习目标】

知识目标

1. 了解淘宝直通车和钻石展位方面的基本知识。

2. 熟练使用直通车推广商品和店铺。

3. 了解影响直通车广告效果的因素。

4. 能够熟练使用钻石展位进行店铺推广。

5. 了解影响钻石展位投放效果的因素。

技能目标

1. 能够利用直通车推广店铺和商品。

2. 能够利用钻石展位进行店铺或商品推广。

3. 能够分析直通车广告效果。

4. 能够分析钻石展位广告效果。

【引导案例】

我们是在2015年1月9日在淘宝网开了一个夫妻店，至今已经超过2年，目前为4钻。我是2015年10月16日加入直通车的，当时对推广的效果还有疑问，但因为那天是最后一天充值500元送200元，所以一咬牙加入了。直到今天，总共充值金额也只有区区4 618元，一个月的消耗平均不到330元。有一款趴趴牛是2016年1月20日正式参加直通车推广的，其间有一段时间（大概半个月，那段时间为过年期间，工厂放假而没法订货）断货，一定程度上影响了销售量，但对比实际的推广费用，效果十分显著。先后三次从工厂进货，到3月20日就已经全部售完，21日只好下线。

另外一款熊猫玩具是我店里自从2016年3月开始卖以来销量最好的一款宝贝。现在每个月在淘宝的零售销量基本都能保持在100个以上，而单就这款熊猫玩具的竞价词单击费用来看，现在平均每7天的单击费用为35元（仅此款熊猫），平均一天5元，一个月就是150元。以前没推广的时候，一个月的销量不到20个，所以现在虽然付出了一定的广告费成本，但销量成倍增长，利润当然也比原来高多了。

质量好是一方面，但试想一下：假设我没有参加直通车，就不能被很多客户发现继而也就谈不上销量了。

问题：如何做好淘宝直通车？需要注意哪些问题？

9.1　淘宝直通车简介

淘宝直通车推广是用一个点击让买家进入店铺，产生一次甚至多次的店铺内跳转流量，这种以点击带面的关联效应可以降低整体的推广成本和提高整店的关联营销效果。同时淘宝直通车还给用户提供了淘宝首页热卖单品活动和各个频道的热卖单品活动以及不定期的淘宝各类资源整合的直通车用户专享活动。

9.1.1　直通车推广原理

淘宝直通车是根据宝贝设置的关键词来进行排名展示，然后按照点击进行扣费，是淘宝目前付费推广手段中最知名的一种方式，同时也是最有效的。直通车竞价结果不仅可以在淘宝网以全新的图片+文字的形式展示，而且可以展现到站外，如网易、搜狐等。淘宝直通车是为淘宝卖家量身定做的推广工具，让淘宝卖家方便地在淘宝上推广自己的宝贝。

淘宝卖家的每件商品可以设置200个关键字，并且可以针对每个竞价词自由定价，价格越高，排名也越高。

淘宝直通车推广原理具体如下。

（1）如果卖家想推广某一个宝贝，首先为该宝贝设置相应的关键词及宝贝标题。

（2）当买家在淘宝网通过输入关键词搜索商品，或按照宝贝分类进行搜索时，就会展现推广中的宝贝。

（3）如果买家通过关键词或宝贝分类搜索后，在直通车推广位点击宝贝，系统就会根据设置关键词或类目的出价来扣费。

9.1.2　加入直通车的条件和入口

　　直通车的推广效果自不必说，但是开通直通车是有条件限制的：淘宝卖家需要达到2心及以上的等级，而且店铺的动态评分各项均值要在4.4分及以上；天猫卖家加入直通车也要满足店铺的动态评分各项均值在4.4分及以上。

　　如果卖家满足加入直通车的条件，就可以在"我的淘宝"—"卖家中心"页面中找到"我是卖家"左侧的营销中心，然后在该组中单击"我要推广"选项，页面跳转后就可看到淘宝直通车，单击淘宝、天猫直通车中的"即刻提升"，如图9-1所示。

图9-1　加入直通车入口

9.1.3　直通车的推广方式

　　淘宝直通车是目前淘宝网上推广效果非常好的一种方法，因此卖家想在淘宝网上获得成功，淘宝直通车就成了卖家的一门必修课。下面介绍通过直通车推广的几种方式。

1. 淘宝搜索推广

　　淘宝搜索推广指的是卖家通过设置与推广商品相关的关键词和出价，在买家搜索相应关键词时获得推广商品展现与流量，卖家按照所获流量（点击数）付费来进行商品精准推广的营销产品。卖家加入淘宝直通车，即默认开通搜索推广。

1）展示位置

关键词搜索结果页面右侧"掌柜热卖"区域、下方"掌柜热卖"区域、类目搜索结果页面右侧"掌柜热卖"区域、下方"掌柜热卖"区域和淘宝搜索框下的热搜词单击后的搜索结果前4个为直通车展示位，如图9-2、图9-3、图9-4和图9-5所示。

图9-2　关键词搜索结果页面右侧"掌柜热卖"

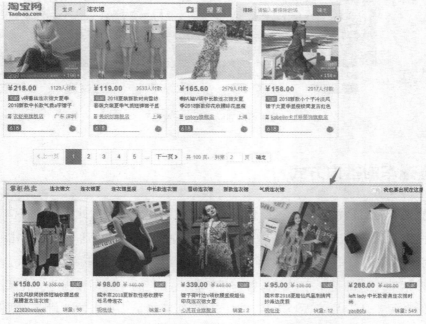

图9-3　关键词搜索结果页面下方"掌柜热卖"

图9-4　类目搜索结果页面右侧"掌柜热卖"和下方"掌柜热卖"

图9-5　单击热搜词后搜索结果"掌柜热卖"

2）展示规则

关键词搜索页面的排名原理：淘宝直通车目前的排名规则是根据关键词的质量得分和关键词的出价综合衡量出的商品排名；质量得分主要用于衡量关键词与宝贝推广信息和淘宝网用户搜索意向之间的相关性。可以参考淘宝直通车系统里的智能预测工具结果，更加有针对性地优化推广内容，在提升潜在买家有效访问流量的同时，提高访问质量，让热销宝贝脱颖而出。

3）扣费方式

按单击计费：买家搜索一个关键词，设置了该关键词的宝贝就会在淘宝直通车的展示位上相应出现。当买家单击推广的宝贝时，才需付费，淘宝直通车才会进行相应扣费。根据对该关键词设置的价格，淘宝直通车的扣费均小于或等于商家的关键词出价。类目出价的扣费同理。买家通过类目浏览，如看到商家的宝贝出现在淘宝直通车展现位上，买家单击时才产生扣费，扣费均小于或等于商家的类目出价。

2. 定向推广

定向推广依据淘宝网庞大的数据库，构建出买家的兴趣模型。它能从细分类目中抓取那些特征与买家兴趣点匹配的推广宝贝，展现在目标客户浏览的网页上，锁定潜在买家，实现精准营销。除了淘宝网站内的热门页面外，淘宝直通车还整合了多家外部优质网站，帮助商家的推广宝贝覆盖更多目标客户。定向推广设置之后也可以自己取消，在直通车后台单击设置投放平台页面就可以选择投放或未投放。

1）定向推广的优势

（1）定位准确，转化率高：以宝贝找人，数十万个兴趣节点判断意向买家，转化率更高。

（2）流量丰富，收藏量多：多个展示位，每天吸引1.4亿流量。

（3）操作便捷，省时省力：选好位置，定好出价，设置人群，轻松获得精准流量。

2）展示位置

我的淘宝—已买到的宝贝—热卖单品、收藏夹页—热卖单品、订单详情—热卖单品等，淘宝站外的十多家优质的合作网站中也有定向推广的展现资源。图9-6为"订单详情"页面底部"热卖单品"展示的商品，每天流量超1 000万。图9-7为"我的淘宝"下"已买到宝贝"最底部的热卖单品推广展示的商品，每天流量超3 000万。

图9-6　"订单详情"—"热卖单品"展示的商品

图9-7　"我的淘宝"—"已买到宝贝"—"热卖单品"

3）展示规则

宝贝出价、推广质量、宝贝属性和买家兴趣匹配等因素都影响着定向推广的展现量。

宝贝出价：这里的出价指的是综合出价，是通投出价、单独位置出价、人群维度加价和分时折扣的综合结果。

推广质量：主要包含宝贝和类目相关性、宝贝点击率，以及宝贝点击转化率等其他反馈因素。

4）扣费方式

按点击计费：开通直通车后，定向推广按点击扣费，根据为宝贝设置的定向推广出价，单次扣费不会大于出价。

3. 店铺推广

店铺推广是适合卖家整店推广的一种推广方式。它是淘宝直通车单品推广的一种补充形式，满足掌柜同时推广多个同类型宝贝、传递店铺独特品牌形象的需求，特别适合向带有较模糊购买意向的买家推广店铺中的多个匹配宝贝。如买家搜索"连衣裙"，商家就可以通过淘宝店铺推广位展示店铺形象，并吸引买家进入自己店铺中所有连衣裙商品的集合页面。店铺要求是皇冠级以上，或天猫直通车用户，半年内无违规记录。

1）店铺推广的优势

（1）营销活动好助手：满足推广多个宝贝或者全店推广的需求，是单品推广的有效补充。

（2）品牌打造新阵地：店铺推广大图展现，实现品牌传递与效果营销双丰收。

（3）流量拓展新形势：每天1.5亿的流量，为商家拓展更多淘宝站内流量。

2）推广方式

使用店铺推广，可以推广除单个宝贝详情页面外的店铺任意页面，包括分类页面、宝贝集合页面。可以通过为店铺推广页面设置关键词，为店铺带来更多的精准流量。

3）展示位置

店铺推广设置生效后，展现在下面的位置。

（1）淘宝网关键词搜索结果右下侧"店家精选"区域，每页展现3个，第一页展示第1至3名，以此类推。

（2）"店家精选更多热卖"引导至站内商搜店铺集合页面，如图9-8所示。

图9-8　店家精选更多热卖

4）扣费方式

按单击计费：同单品推广一致，展现不扣费，按照单击扣费，每次扣费金额取决于商家为关键词设定的出价、关键词的质量得分，最高不会超过关键词所设定的出价。可设置日限额、分时折扣和站外折扣，当日扣费金额不会超过日限量。

4. 站外投放

直通车站外投放是站内推广资源的拓展和补充，把推广的商品投放在淘宝以外的网站上，以Banner、文字链、搜索栏等形式展现，并根据对数据的分析锁定人群，匹配相应的宝贝，将外部客户吸引到专门展现直通车宝贝的页面。

目前有多家知名网站正在与淘宝直通车展开流量合作，包括优酷网、酷6视频网、迅雷在线、土豆网、搜狗、红袖添香、天府热线、中彩网、美图、58同城、泡泡网、星空宽频、中国经济网、虎扑网、中国教育在线、起点中文网、56.com、激动网、和讯等。

1）站外投放的优势

（1）流量大：直通车站外投放与众多知名网站合作，目前每天有超过40亿的优质流量。

（2）投放准：通过媒体用户的行为分析，多维度定位外网用户的兴趣偏好，将商品精准投放到媒体网页上。

（3）成本省：为了保证用户的外部流量转化，提升收入成本比，淘宝网采用二跳计费的形式。

2）展示位置

直通车站外投放目前每天有超过40亿的流量。这些流量将会以文字链、图片创意等方式被引入展现掌柜外投放宝贝的页面。这些流量可分为六类：门户类、客户端、搜索引擎、网址导航、中小媒体、二级导航。

3）展示形式

在搜狗、新浪等外网上展现的是人工制作的图片、文字等创意，当用户单击了这个创意时，进入外投宝贝集合页，再单击宝贝就到了某个宝贝详情页，图9-9为搜狗外网展现。

5. 活动专区

淘宝热卖单品也称首页热卖单品活动，是淘宝直通车的长期活动，日均百万流量，以其独特的人群兴趣模型展现方式帮助各位掌柜精准定位到目标客户，聚集千万客户关注，将宝贝推向网购狂潮的风口浪尖。

1）活动专区的优势

（1）投放准：通过自动人群定向功能，锁定目标客户，实现精准投放。

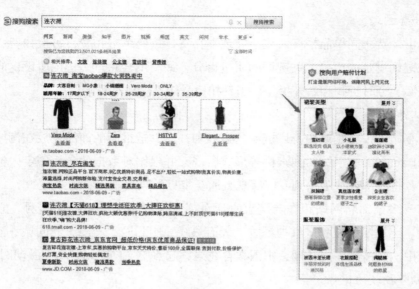

图9-9 搜狗外网展现

（2）打爆款：每日600多万活动流量，单品形式呈现，助商家打造爆款。

（3）聚划算：活动起价0.05元，花最少的预算，获最大的利润。

2）展示规则

热卖单品活动采用人群定投的原理，根据买家兴趣类目展现宝贝，展现概率与宝贝的出价以及点击率高低相关。同时，所有报名成功的宝贝会匹配相关性较高的宝贝，展现至其他活动展位，包括站外一些资源位置。

3）展示位置

活动位置在淘宝网首页及各大资讯频道底部以"热卖单品"方式展示，如图9-10、图9-11所示。

图9-10 淘宝首页最上端的"热卖单品"

图9-11 搜狐网投放的"热卖单品"

4）扣费方式

热卖单品活动按单击扣费，根据设置的活动出价。当买家在热卖单品活动区域单击商家推广的宝贝时，才会扣费。活动出价多少，扣费多少。

【开店小窍门】 服饰卖家如何选择直通车宝贝

通过对宝贝单价的把握，从根本上提高宝贝的点击率，可以更精确地找到属于自己的客户。影响点击率的有3个因素：①宝贝图片；②宝贝推广标题；③宝贝价格。而点击率又是影响质量得分与排名的非常重要的因素，这里提供两个建议。

（1）女装宝贝选择：单价较低的宝贝；品牌、折扣等相关因素强的宝贝；价格属于高性价比的宝贝。

（2）男装宝贝选择：侧重于性价比高的宝贝；价格具有一定优势品质的宝贝；买家需要比较明显的高品质宝贝。

【技能训练】

活动：淘宝直通车。

活动目的：了解淘宝直通车的原理和规则。

活动器材：联网的计算机。

活动内容：登录淘宝网，进入淘宝大学了解直通车的原理和规则。

9.2 使用直通车推广新宝贝

9.2.1 加入直通车

淘宝直通车的最大优势就是让商家的宝贝在庞大的数据商品平台中脱颖而出，带来更多的人气和流量。当买家主动搜索时，在最优位置展示宝贝，超准推荐给每一位潜在买家。加入淘宝直通车的具体操作步骤如下。

（1）登录淘宝后台，单击"营销中心"—"我要推广"，如图9-12所示。

图9-12 单击"我要推广"

（2）进入淘宝营销中心页面，单击"淘宝直通车"图标，如图9-13所示。

图9-13 单击"淘宝直通车"图标

（3）进入淘宝直通车首页后，在页面右边可以看到"账户未激活"，单击"我要充值"链接，如图9-14所示。

图9-14　单击"我要充值"链接

（4）打开直通车充值页面，淘宝直通车第一次开户需要预存500元以上的费用，这500元都将用于接下来推广中所产生的花费，选择好充值金额后，单击底部的"立即充值"按钮，如图9-15所示。经过支付宝的充值操作以后，返回直通车主页，账户就开通并且可以使用了。

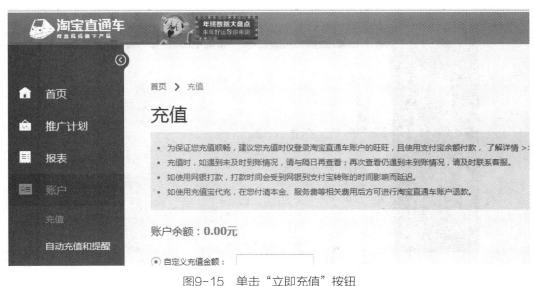

图9-15　单击"立即充值"按钮

9.2.2 新建推广计划

"推广计划"是根据用户的推广需求专门研发的"多个推广计划"的功能。可以把相同推广策略的一组宝贝加入同一个推广计划下进行管理,新建推广计划的具体操作步骤如下。

(1)在"我的直通车"页面中单击"推广计划"按钮,选择"标准推广",如图9-16所示。

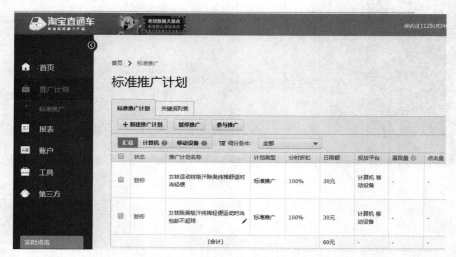

图9-16 单击"标准推广"

(2)单击"新建推广计划",如图9-17所示。

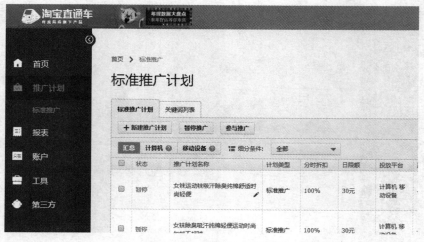

图9-17 新建推广计划

(3)填写推广计划名称,名称里可以填写30个字符,单击"提交",如图9-18所示。

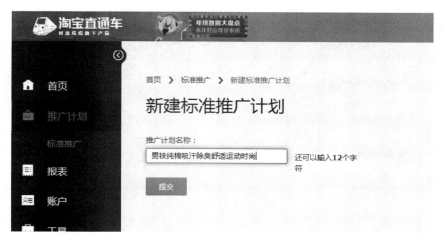

图9-18　填写推广计划名称

（4）成功创建推广计划，如图9-19所示。

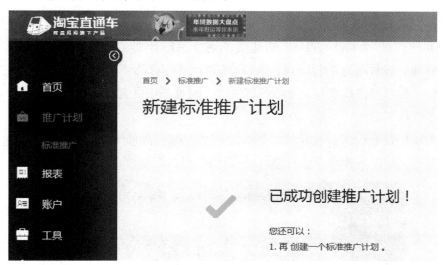

图9-19　成功创建推广计划

9.2.3　管理推广中的宝贝

进入相应的推广计划后，单击左侧第一个按钮"推广计划"—"标准推广"—"直通车日常推广"链接，进入管理推广中宝贝页面，如图9-20所示。每个宝贝最右侧操作栏均有关键词推广、定向推广、暂停/启用、删除和查看报表6个选项，方便管理推广中的宝贝。可以根据个人情况随时将宝贝暂停或是启用推广等操作，操作之后，系统即时生效。

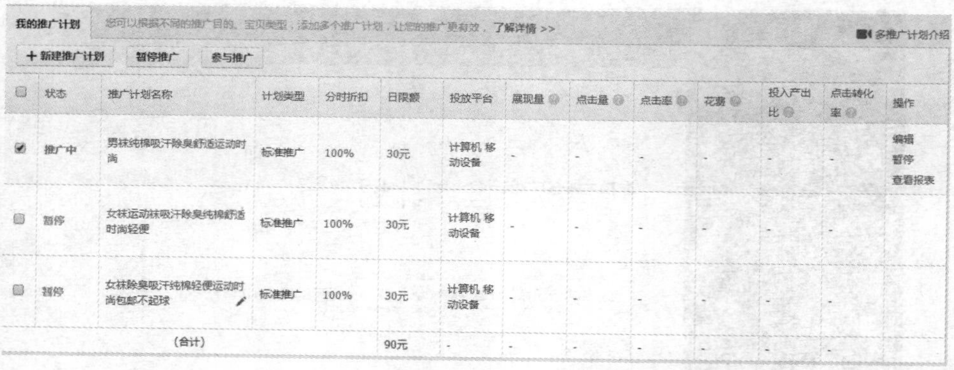

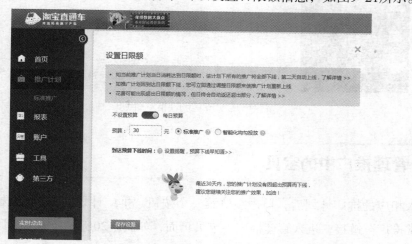

图9-20　管理推广

9.2.4　"我的推广计划"投放设置

对目标客户、店铺宝贝进行分析后，细分出一个或多个推广目标，并为不同的推广目标建立相应的推广计划。随后，可以进入这个推广计划，对其最高日限额、投放地域、投放时间、投放平台进行设置，选择合适的宝贝进行推广，并对该计划中的推广宝贝进行调整，如新增推广宝贝、删除推广宝贝、对推广中的宝贝进行编辑等。

操作步骤如下。

（1）为推广计划设置每日扣费的最高限额。在淘宝直通车后台管理页面，进入相应的推广计划后，单击下侧"设置日限额"，可以设置日限额信息，如图9-21所示。

图9-21　设置日限额信息

（2）为推广计划设置投放区域。可以所有地区"全选"投放，也可以勾选需要的区域，只有勾选的区域范围内的买家才能看到推广宝贝的信息，如图9-22所示。

图9-22　设置投放区域

（3）为推广计划设置投放时间及对应时间段的宝贝出价，如图9-23所示。

图9-23　设置投放时间

（4）选择要推广的平台，淘宝搜索是必选的平台，如图9-24所示。

图9-24　设置投放平台

【开店小窍门】　　　关键词的高级找词方法

（1）主搜索栏下拉列表。在淘宝主页面的宝贝搜索栏中，输入"T恤"，在下拉列表中可以找到其他相关联的很多关键词，如"T恤 男 短袖、T恤 女 短袖 韩版、T恤 女长袖"等，每个关键词的后面都标有搜索到的件数，搜索数量越多的关键词，就是最理想的优质热搜关键词。

（2）主搜索栏自动推荐。除此之外，在搜索框下方，也会显示一些比较热门的关键词。

（3）分类结果页面自动推荐（免费）。

（4）淘宝排行榜。淘宝排行榜中列举了时下很流行的一些搜索关键词，而很多淘宝卖家往往忽视了这个榜单，建议平时多关注。

【技能训练】

活动：淘宝直通车展示位置。

活动器材：联网的计算机。

活动内容：

（1）登录淘宝网，浏览淘宝直通车不同的展示位置。

（2）分析不同展示位置的效果。

9.3 提升直通车广告效果

开通直通车后，每天的流量还是没多少，直通车效果不怎么明显，这是什么原因呢?想提升直通车广告效果的话，还需要做好以下各方面的工作。

9.3.1 挑选最适合推广的宝贝

参加直通车推广首先要选好一个宝贝，这是所有推广的第一步。选出来做推广的宝贝，一定要有突出、清晰有力的卖点，能让买家在最短的时间内注意到自己的宝贝。如卖点可以是性价比高（如价格有优势、有促销等）、产品功能强（如产品本身功效好、漂亮等）、品质好（如行货、正品等），图9-25为适合推广的宝贝。

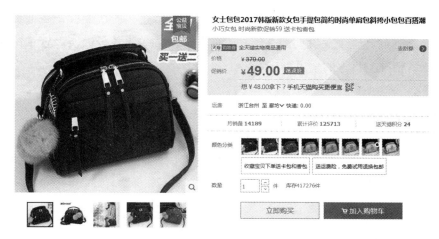

图9-25　适合推广的宝贝

9.3.2　图片精美

买家在购买商品的时候，浏览的速度是很快的，如果商家的商品没有在最短时间内吸引住买家，就会造成客户的流失。经营网店，吸引买家的实际是图片，图片越精美、越真实，就越能吸引买家。而这一点对要进行推广的商品来说尤为重要。如果商品的图片不够清晰明了，买家不清楚销售的是什么，就会造成大量的无效单击。

9.3.3　标题要吸引人

买家主要通过标题了解商品的卖点，所以标题应该简单直接、卖点明确，让买家即使一扫而过，也能最快地明白商品的特点。

可以参考的商品卖点有产品本身的特性、价格优势、品质或品牌保证、促销优惠信息等。当然，卖点一定要实事求是，夸大的卖点可能会让商家花冤枉钱。店铺宝贝的标题与直通车广告的标题是各自独立的，差别很大，所以要认真了解直通车标题优化技巧。

9.3.4　选择有效的关键词

商家需要对客户群体有足够的了解，最好做一定的客户调查，了解客户经常搜索的关键字是什么，以便花最少的钱，做最有效的推广。

单击直通车首页导航栏中的"关键词查询"按钮，进入投放关键词查询页面，可以使用这个功能查询到某个关键词的一周搜索次数、平均单击单价以及设置了该关键词并且是在系统最精准类目下的宝贝列表。

9.3.5 提升价格优势

买家选定一款商品，经常会在淘宝中定向搜索该款商品进行价格对比，如果商家的价格没有优势，就变成花钱给别人打广告了。

9.3.6 利用各类报表

宝贝推广后观察账户的单击数据，利用市场数据来检验推广效果。通过对各类数据的分析，商家可以了解到自己推广设置不足的地方并加以改正。

（1）对无展现量或者展现量过低的冷僻词需要替换掉，非冷僻词微调价格。

（2）排在前面但无展现量、无单击的关键词，需要替换掉。

（3）部分关键词出价较高，流量一般，整体花费多，应调整出价。

（4）关键词好、流量低，如果是因为排名太靠后，建议把价格适当提高。

（5）如果类目产生的扣费很多但没效果，建议也降低一下类目出价或者调整其他宝贝进行类目出价。

（6）对于展现量很高、没有单击量的关键词，检查是否是因为关键词与宝贝的相关性太低，导致搜索了该关键词的人看到宝贝并没有产生兴趣。如果符合这种情况，替换成与宝贝相关性更高的关键词。

【开店小窍门】　　　　优化直通车展现和单击量

（1）提升有展现量的关键词的出价。提价幅度及方法：提价幅度在0.01～0.20元即可，并且使用自定义出价，这样做的目的是区别于无展现量的词。

（2）删除没有展现量的词的同时添加新词。对于无展现量的词，需要定期删除。因为无展现量的词白白占据了一个设置词的位置，却没有实际的用处。在删除的同时添加新词。

（3）养成经常优化的习惯。建议卖家经常对自己账户的词进行优化。

【技能训练】

活动：淘宝直通车计划。

活动目的：制定淘宝直通车推广计划。

活动器材：联网的计算机。

活动内容：给自己的直通车推广计划设置每日扣费的最高限额。设置日限额30元，为推广计划设置投放区域，这里选择所有地区"全选"投放，还要为推广计划设置投放时间及对应时间段的宝贝出价。

9.4　了解钻石展位

钻石展位是淘宝力推的一种图片类广告竞价平台，它专门为淘宝卖家提供最优质的展示位置，通过竞价排序，按照展现计费。性价比高，更适于店铺、品牌及爆款的推广。

9.4.1　什么是钻石展位

钻石展位是按照流量竞价售卖的广告位，计费单位是"每千次浏览单价"（CPM），即广告所在的页面被打开1 000次所需要收取的费用。钻石展位不仅适合发布宝贝信息，它更适合做店铺促销、店铺活动、店铺品牌的推广。可以为店铺带来充裕流量的同时增加买家对店铺的好感，增强买家黏度。图9-26为淘宝首页一屏的广告就是钻石展位。

图9-26　淘宝首页一屏的钻石展位

淘宝钻石展位产品特点如下。

（1）超低门槛：对卖家限制少，只要出价合理就可以在淘宝最有价值的展示位上发布信息。

（2）超炫展现：展现形式更炫目，展现位置更大，展现效果更好。

（3）超优产出：不展现不收费，自由组合信息发布的时间、位置、花费，轻松达到最优异的投产比。

9.4.2 钻石展位的规则

钻石展位要遵循如下规则。

（1）系统每天15点后自动提交计划进行竞价。

（2）系统会提供过去7天被竞价的数据给卖家查看。

（3）如果没有足够的余额，自动停止第二天的计划投放，所以用户在计划投放前一天的15点之前，保证消费账户有一天日预算金额，否则将因金额不足而停止投放。

（4）在同一天同一个时段内CPM出价高的计划优先投放。

（5）如果计划分为多个小时段投放，系统将会根据实际的流量情况以小时为单位平滑消耗。

（6）如果计划的投放达到日预算限制自动停止投放，系统保证每天消耗不超出账户的日预算限制。

（7）如果计划有多个展示图片将会被随机轮播显示。

（8）允许在15点之前调整计划的基本信息。具体内容包括CPM出价、日预算、展示图片、开始结束日期、时段等，修改完成后需要等到次日才能生效。

（9）允许暂停投放中的计划，并在次日生效。

（10）不允许用户当天强行终止投放中的计划。如果有特殊情况请提交客服处理。

（11）用户可以随时充值消费账户，充值使用的支付宝为淘宝账户绑定的支付宝。

（12）系统每天15点后从卖家的消费账户冻结第二天计划的预算。

（13）系统每天凌晨自动结算消耗金额，并返回消费账户计算前一天的消耗余额。

（14）如果计划被竞价成功投放，则该计划的实际投放结算价格将按低于当前CPM价格的下一位有效出价加0.1元进行结算。

9.4.3 钻石展位的位置

钻石展位与直通车一样，在淘宝站内有很多展示位置。常见的就是首页焦点图、垂直频道、特卖促销频道、收藏夹底部小图、旺旺每日弹窗小图等。每个展示位置的出价成本和流量引入是不同的，每个展示位置都有它自身的优势。

1. 淘宝首页焦点图

打开淘宝网首页，映入眼前的大图便是首页焦点图，如图9-27所示，这是最明显的钻石展位图。该位置的推广适合店铺做活动，因为它的展现量大，点击率也大，能够很好地推广店铺品牌或是打造爆款。对于资金雄厚的大卖家来说，放在首页可以带来巨大的流量，从而带来更多的客户。

图9-27 淘宝首页焦点图

2. 垂直频道

以女装为例，在淘宝首页类目中单击"女装"进入淘宝女装，如图9-28所示，是"淘宝女装-新品"页面的钻石展位广告图。如果进入这个类目下搜索商品的客户较多，那么这个位置的推广效果就好比淘宝首页的焦点图，能够为店铺带去很大的流量，要推广新品就应该利用好这个位置。钻石展位只要展示了就要收费，最好选择和自己的产品相匹配的垂直频道进行投放。

图9-28 "淘宝女装-新品"页面的钻石展位广告图

3. 特卖促销频道

在淘宝天天特价、免费试用等频道也有钻石展位，如图9-29所示。

图9-29　淘宝"天天特价"钻石展位

4. 收藏夹底部的小图和通栏

除了首页和垂直频道能看到钻石展位之外，在客户的收藏夹底部也能看到钻石展位广告，如图9-30所示。这个位置的展现并不高，和直通车的定向推广位置类似，要买家登录账号后进入收藏夹方可看到。除了有收藏商品习惯的买家会看到这个位置外，相信大多数人还是会选择从淘宝首页开始浏览。它和二屏右侧横幅的位置一样，由于出价成本低，所以可以做长久的推广。

图9-30　收藏夹底部钻石展位

9.4.4 钻石展位的竞价模式和计费方式

钻石展位的计费方式与直通车不同，直通车是按单击付费的，而钻石展位是按展现人次付费。钻石展位的这种计费方式被称为"CPM广告模式"，CPM是cost per mille的简写，表示每千人成本，也就是在广告投放过程中，看到某广告的每千人平均分摊多少广告成本。如30元的CPM，就相当于花30元可以买到1 000人次的展现，假设单击率是3%，就可以带来30个单击（1 000×3%），所以消耗掉30元带来了30个单击，单击单价为1元。

钻石展位的实际扣费是根据计划中每日的预算决定的，同时受下一名出价的影响。钻石展位的实际扣费=下一名出价+0.1元，单击单价=（CPM / 1 000）×单击率。钻石展位竞价决定商品是否被展现，而出价高者的会优先展示。在钻石展位竞价模式中，是以小时为单位计算排名的。下面举例说明钻石展位是如何扣费和排名的。

假设有三个卖家A、B、C，分别对同类目的商品出价30元、29元、28元，按照出价高低顺序展现。系统将各时间段的出价，按照竞价高低进行排名，价高者优先展现，出价最高的预算消耗完后，轮到下一位，以此类推，直到该小时流量全部消耗，排在后面的无法展现。按着此展现逻辑A出价最高，所以最先展示，按出价30元的CPM计算，如果A的日预算为90元，在上午11点开始投放，A有3个千次展现，到下午2点后A的日预算不再展现，开始展示出价第2高的B，以此类推，当B的日预算耗完后C才有机会。关于钻石展位是如何收费的问题，可以通过消费账户查看账户整体报表，该表会详细显示商品的展现量、单击量，还会统计出单击率、耗费金额、千次展现成本及单击单价。可以在自己的账户中随时监控，掌握钻石展位推广详情。

9.4.5　钻石展位的分类

钻石展位为客户提供品牌展位版和智能优化版两种产品服务。

品牌展位版基于淘宝每天6 000多万访客和精准的网络购物数据，帮助客户更清晰地选择优质展位，更高效地吸引网购流量，达到高曝光量、高单击率的传播效果。为客户提供近200多个淘宝站内最优质展位，包括淘宝首页、频道内页、门户、帮派、画报等多个淘宝站内广告位，每天拥有超过8亿的展现量，还可以帮助客户把广告投向站外，涵盖大型门户、垂直媒体、视频站、搜索引擎、中小媒体等各类媒体展位。

智能优化版是以实时竞价为核心的全网竞价产品，是高效的跨媒体流量中心，导入更多优质的全网流量，每个流量被明码标价，通过兴趣点定向、访客定向和人群定向技术使流量与广告主进行有效匹配。客户只要提交需求，系统将智能化地帮助匹配更精准的人群，有效地提升广告主投放的单击率和ROI（投资回报率）。

9.4.6　钻石展位的投放流程

1. 新建计划流程

输入计划基本信息—添加创意—设置定向和出价—创意审核通过后，计划自动进行投放，如图9–31所示。

图9-31　新建计划流程

2. 效果优化流程

创建计划—在网站上部署效果跟踪代码—计划投放—查看报表分析数据—优化计划，如图9-32所示。

图9-32　效果优化流程

9.4.7　如何开通钻石展位

作为商家，如何开通淘宝钻石展位？具体操作步骤如下。

（1）首先登录淘宝进入后台，单击"营销中心"栏目下的"我要推广"选项，如图9-33所示。

图9-33　单击"我要推广"选项

（2）在打开的营销中心页面单击"钻石展位"按钮，如图9-34所示。

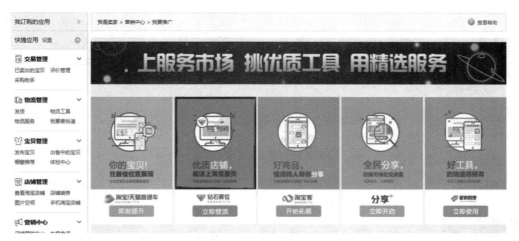

图9-34 单击"钻石展位"

（3）这时系统将自动转入"钻石展位"首页，如图9-35所示。

图9-35 "钻石展位"首页

（4）单击"加入我们"，进入报名页面。如果想要开通这个工具，则首先要参加培训课程，报名成功后3个工作日内淘宝会安排店家参加考试。考试合格后就会授予你开通钻石展位的权限了。

【开店小窍门】 不同定向的合理出价——通投

钻石展位投放广告是依据流量定向的，它实现了精准化的引入。钻石展位的投放模式可分为4类：通投、群体定向、访客定向和顾客兴趣点定向。

通投：通投就是每个淘宝买家进入某个页面后都能看到的钻展图计划。类似于全网投放，对客户不进行细分。通投的覆盖范围广，所以流量也很大，只要选择好投放位置，就能对所有买家进行推广。而设置通投出价时可查看行业均价，然后按照系统提示设置最低出价即可。查看行业均价可以在钻展后台中单击"查看展位信息"，浏览"广告位昨日数据"，其中就有行业CPM均值。

【技能训练】
活动： 钻石展位。
活动目的： 了解钻石展位。
活动器材： 联网的计算机。
活动内容： 登录淘宝网，进入淘宝大学，了解钻石展位的推广原理和投放技巧。

9.5 钻石展位广告投放模式

钻石展位适合经营管理上比较成熟的卖家，需要卖家有雄厚实力的美工团队，可以做出效果佳的图片、Flash等。其次要求卖家有活动、促销等的发布意识，可以以最适合的噱头推广最合适的产品。

钻石展位是比较高端的一种营销工具，其优势在于，除直接引入流量达成销售之外，还有一种广告理念的灌输。目前钻石展位的广告投放，大部分还停留在引进流量阶段，而忽略了品牌广告的宣传，这是大大的错误。利用好钻石展位的视觉冲击因素，对于品牌的知名度拓展是至关重要的。

9.5.1 打造爆款

这种引流方式一般是对一款最热销的单品做长期的流量轰炸，素材一般情况下不会轻易变化，即使主色调有变化，其广告核心也不会变化。这种广告素材一般是为流量的引入加强精确性，所以在人群定位和店铺定位上应该要足够精确。其选择的位置为首页流量较大的广告位，从而保证足够大的流量基数，实现精准引流的目的。

通过良好的策划运营，可以实现一款爆款产品带动整个店铺的销售。这种对爆款的打造和流量深入运作的方法，是可以借鉴的。

单击广告进入店铺的首页，可以看到该爆款产品的巨大广告展示在首页第一屏，如图9-36所示。通过广告进入该店铺，在"宝贝排行榜"栏中可以看到爆款产品的销售量远远超过其他产品，如图9-37所示。

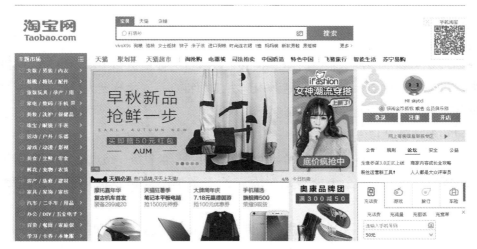

图9-36　淘宝首页的钻石展位

图9-37　爆款与普通款销量对比

9.5.2 活动引流

钻石展位素材的引流一般是分季节性的，以节日为促销折扣主题，整个店铺策划层层相扣，同时利用焦点大量引流。这种引流方法的特点是，预算庞大、占据位置多、持续时间短，属于一种爆发性质的促销。

活动引流要注意以下几个要点。

（1）素材一定要做得劲爆，运用各类网络热词、夸张表情，造成强烈的视觉冲击。

（2）限时打折，这是买家特别想看到的。根据不同类目的产品，卖家要谨慎区分。

（3）活动策划要环环相扣，让进店的客户不买几件东西就出不来。

（4）需要庞大的预算，一般商家可能无法承受。

总的来说，这类钻石展位的投放在短时间内会引入巨大流量，带来巨大的销售额，实现当期盈利，但需要通过精密的策划来实现。图9-38为某店铺在淘宝各个栏目页面做了大量的活动，在该店铺首页也有很多的折扣活动。

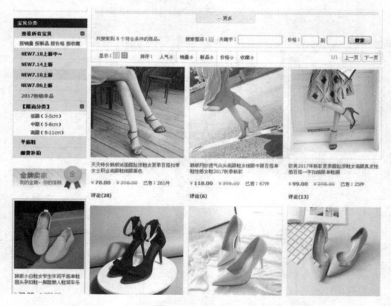

图9-38　活动引流

9.5.3 品牌推广

所谓品牌，就是长期坚持一种个性。品牌广告是以树立产品品牌形象、提高品牌的市场占有率为直接目的，突出传播品牌在客户心目中确定位置的一种方法广告，短期内可以提升销量和创建品牌的长期价值。这类钻石展位广告的持续投放，需要通篇的策划和良好的品牌形象定位。通过钻石展位这种形式投放广告，虽然前期成本较高，但从长远来看，意义是不可衡量的。

品牌展位版帮助卖家更清晰地选择优质展位，更高效地吸引网购流量，达到高曝光量、高点击率的传播效果。钻石展位为卖家提供200多个淘宝网内优质展位，包括淘宝首页、内页频道页、门户、帮派、画报等多个淘宝站内广告位，每天拥有超过8亿的展现量，还可以帮助客户把广告投向站外，涵盖大型门户、垂直媒体、视频站、搜索引擎、中小每题等各类媒体展位，如图9-39所示。

图9-39　品牌广告

【开店小窍门】　　　不同定向的合理出价——群体定向

群体定向就是通过钻展后台数据分析出哪部分人群有什么样的购买行为、购买习惯。例如，有一部分人经常在淘宝上买高价的饰品，那么如果你推广的恰好就是高档饰品，系统就会根据出价高低将你的广告图展示在这部分人群的搜索页中。群体投放竞价可以根据系统的提示出价，一般要高于系统的出价，但是绝对不能低于这个竞价。一般的群体可以分为群体价格高、群体价格中等、群体价格低3种。针对店铺的定价不同，选择的方式也不同。群体竞价比较适合在做促销活动时使用，而一些比较窄小的类目也可以通用，比如做茶叶、坚果一类的卖家可以做群体投放。

【技能训练】

活动：钻石展位操作。

活动目的：练习操作钻石展位。

活动器材：联网的计算机。

活动内容：登录淘宝网，练习操作购买钻石展位。

9.6 决定钻石展位效果好坏的因素

钻石展位的推广不是一两次就可以做好的，要在不断实践中发现问题，然后进行调整，使其达到最好。广告图片、广告文字、目标人群、投放时段都是决定钻石展位是否成功的重要因素。

9.6.1 广告图片

广告图片常常被人们忽略，但却极为重要。拥有一个适合自己、凸显主题的广告图片，才会给自己带来无限的收益。

很多人都没有意识到广告图片的重要性，觉得自己可以做，虽然做出来不是那么好看，能用就行。这样虽然节省了开支，但是却大大制约了收入。如果广告图片可以展现店铺所要表达的东西，那带来的收益不只几千元，甚至可以达到几十万元。

9.6.2 广告文字

图片内容要有卖点，毕竟卖家的最终目的并不是仅仅要求别人欣赏图片，而是要别人单击图片进店购买商品。图片上的文字内容和图片一样，也能决定广告的效果。同样的图片，上面的文字不同，广告所带来的效果也不同。

广告文字不能太乱，只要包含主题、价格、产品就可以了，也可以加上一个单击按钮，或者加上一个时间给客户造成紧迫感，以提高单击率。切记一定不要乱，设计时要站在客户的角度想，要让客户一眼就能看明白。图9-40所示的案例，图片很精美，但是真正吸引人去单击的还是它的广告文字。

图9-40　广告文字

9.6.3　目标人群

对于自己的产品，店铺首先要了解其所对应的目标人群，再去选择自己所面向的人群来投放。这样可以有效提高广告所带来的流量的转化率。

还有一个因素就是按照地域投放。地域是最容易选择的，因为电子商务主要面对的群体以网络群体为主，所以可以直接选择网络比较发达及消费水平相对较高的几个地域来投放。

9.6.4　投放时段

最后一个因素就是投放时段的选择，要选择转化率高和流量高峰时段来投放，让广告产生最大的效果。

建议从以下两方面来选取投放时段。

（1）买家的作息时间。一般来说，10:00—12:00、15:00—17:00、19:00—22:00是买家购物的高峰时间，选择这些时间段投放效果最好。

（2）客服的作息时间。确保在广告投放时段内有客服在线，这样客户的购买率会上升，客户体验也会提高。

做好钻石展位的推广，一定要根据自己店铺的情况做出周密的计划，然后在实践中，根据反馈的信息及时做好调整的工作，这样才能以最少的钱达到最大的推广效果。

【案例】　打造爆款只需七步，从此不再为销量而烦恼

一家网店只有拥有了自己的爆款产品，产品销量才能顺势增长。而作为一个淘宝卖家，一定要懂得如何打造爆款，只有这样才能经营好一家店铺。今天带着大家一起与淘宝大咖学习如何打造爆款，看看这些大咖的爆款经验是怎样的。

一、创造卖点

为店铺商品打造爆款，首先要找到该商品的卖点，如果是新品，卖点无处不在；如果是旧品、同类型的商品在市面上频繁出现，那么卖家需要创造卖点，制造话题，便于传播。

二、价格优势

竞争商品价格拉开优势，成交量肯定会高出，同时价格优势也是打造爆款的一大环节。但如果打响价格战，容易造成市场恶性竞争，最后两败俱伤。

三、不一样的服务

同样的商品，不一样的服务，也是打造爆款的元素之一，提供服务越多，越能吸引客户前来购买。

四、夺目的包装

所谓的"人靠衣装"，商品在包装上赢得客户青睐的案例也很多，具有特色的包装，也是成功的卖点之一。如具有店铺标识的包装盒、包装袋等。

五、标题

标题优化不仅能增加自然搜索量，还能提高成交率。首先，标题要尽量出现商品特有信息；其次，标题词语排序按正常序列；最后，标题中不能出现错别字。

六、关键词

关于关键词的选择，不需要太复杂，只要三步就行了：

1. 列出商品类目的相关关键词；

2. 针对商品属性词进行组合；

3. 参考搜索下拉框的关键词。

七、推广

推广是最直接增加商品销量的途径，什么样的推广方式最适合店铺发展？直通车、钻石展位还是淘宝客，这个要店长自行测试。

【开店小窍门】　　不同定向的合理出价——顾客兴趣点定向

如某类人群对某个单品感兴趣，系统就判断他们也会对其他品牌下的同类单品感兴趣，从而把这些广告图展示在顾客浏览时的页面内。一般来说，流量比较大的位置可以按照系统出价，如淘宝首页3屏通栏、3屏小图等位置，设置的计划预算为100元，按照最低价设置，基本可以保证把预算消耗完，而且单击单价足够低。化妆品类目可以做到

1元以下的单击单价，不过这个价格是在淡季时才可以做到，平时都在1.5元左右。另外，有些位置的流量相对较小，比如交易详情页通栏，每天的单击量只有20 000左右，这个就可以按照系统提示出价的2～4倍出价，只要单击率比较理想，单价也可以控制在1.5元左右。

【技能训练】

活动：钻石展位。

活动目的：投放模式下钻石展位的效果分析。

活动器材：联网的计算机。

活动内容：

（1）登录淘宝网，分析不同钻石展位投放模式下的推广效果。

（2）要求每位学生写一份不同投放模式下推广效果的分析报告，教师点评。

巩固 与 提高

一、单选题

1．让淘宝卖家方便在淘宝推广自己的宝贝，淘宝为卖家量身定做的推广工具是（　　　）。

    A．淘宝商盟   B．淘宝论坛

    C．淘宝直通车   D．友情链接

2．直通车商品标题字数在（　　　）以内。

    A．15个   B．10个   C．20个   D．25个

3．淘宝客和直通车最大的区别是（　　　）。

    A．都是淘宝平台的一种推广模式

    B．前者是按成交计费，后者按点击付费

    C．能让卖家更好地获取流量取得订单

    D．能针对性地定向推送到指定的目标用户

4．申请热卖单品广告位的入口在（　　　）。

    A．淘宝卖家助手   B．直通车活动

    C．管理我的店铺   D．店铺收藏

5．站内推广工具——直通车，每个商品可以设置最多（　　　）关键词。

    A．100个   B．200个   C．300个   D．50个

6. 直通车的收费方式是（　　　）。

    A．按实际点击收费　　　　　　　　B．按显示时间收费

    C．按显示位置收费　　　　　　　　D．按实际成交收费

7. 直通车可以设置（　　　）内容。

    A．投放时间　　　　　　　　　　　B．投放区域

    C．日消耗金额　　　　　　　　　　D．以上都可以

8. 关于淘宝钻石展位产品特点下面说法错误的是（　　　）。

    A．超低门槛　　　　　　　　　　　B．超炫展现

    C．不展现不收费　　　　　　　　　D．按点击收费

9. 钻石展位的位置在（　　　）。

    A．首页焦点图　　　　　　　　　　B．垂直频道

    C．收藏夹底部小图　　　　　　　　D．以上都对

10. 钻石展位的计费方式是（　　　）。

    A．按实际点击收费　　　　　　　　B．按实际成交收费

    C．按展现人次收费　　　　　　　　D．按显示位置收费

二、简答题

1. 淘宝直通车推广原理是什么？

2. 淘宝直通车的优势有哪些？

3. 什么是钻石展位？

4. 简述钻石展位的广告投放模式。

5. 淘宝直通车和钻石展位各自的适用条件是什么？

第10章 有效利用供销平台

【学习目标】

知识目标

1. 了解加入供销平台的好处。
2. 了解分销管理平台。
3. 掌握供应商如何入住分销平台。
4. 掌握分销商如何寻找供应商。

技能目标

1. 能够运用淘宝供销平台寻找供应商。
2. 能够运用淘宝供销平台寻找分销商。

【引导案例】

淘宝分销平台（现更名为天猫分销平台）主要以代销为主，淘宝分销平台让许多没货源又想在淘宝上开店的朋友能轻松找到代销货源开网店。不仅有高额的提成又可以免去收货发货的麻烦，只需要将订单发给供应商就可以了。

淘宝分销平台推出之前，对于大多数的淘宝卖家，货源问题始终是他们发展的一个瓶颈，这样就形成了一个相互矛盾的问题，厂家的货源不够开放，进货渠道不规范，导致商品的成本不同，进而导致价格的高低不同；小卖家四处寻找好的货源，而大卖家以价格为手段，打压竞争对手，造成的结果就是小卖家高进价，还要低价才能卖出，而小卖家要生存，只有依靠假货或者以次充好来保证盈利，这也就造成了淘宝假货众多的现象。

淘宝分销平台出现之后，进货渠道更明朗化、公开化，给淘宝分销平台分销商的折扣、奖励及处罚等规则都逐渐明确，商品价格上更是严格控制，分销商掌握了大量的客户群，能够给客户以指导。淘宝的分销平台对于平衡物价、减少和杜绝假货起到了促进的作用。

问题：（1）加入供销平台成为供应商的条件是什么？

（2）成为分销商的条件是什么？

（3）所有的商品都适合分销吗？

10.1　供销平台概述

淘宝（天猫）供销平台是指由淘宝研发用于帮助供应商搭建、管理及运作其网络销售渠道，帮助分销商获取货源渠道的平台。供销平台的入口是https://gongxiao.tmall.com，如图10-1所示。

图10-1　淘宝供销平台

淘宝供销平台对供应商和分销商的好处分别如下。

1. 对供应商而言

（1）解决了推广销售的难题。供应商不必为商品找不到买家及合适的销售方式发愁。供销平台的交易额每天都在不断攀升，不少供应商已经通过供销平台实现了销量的高速增长。图10-2为参加了供销的商品。

图10-2　参加供销的商品

（2）解决了对分销商的管理难题。加强了对分销商的监控，库存、下单、打印发货都可以实现自动化，大大简化了供销流程。

（3）做到了对下级代理商的绝对控制。

2. 对分销商而言

（1）彻底解决了货源问题。淘宝网的供应商非常多，分销商现在不必担心找不到货，更不必担心找到的是赝品。可以随便挑选商品，信息非常透明。图10-3为淘宝供销平台的供应商。

图10-3　淘宝供销平台的供应商

（2）不必再查库存。商品的上架、下架、缺货、补货都变得非常容易操作。

（3）不必担心商品质量和退换货。由于供应商是淘宝审核的，相对于以前的代销要正规得多，因此商品质量、售后服务、货款风险都得到了非常大的保障。

（4）分销卖家可以直接引用供销宝贝的图片及商品描述文字。一般情况下，淘宝掌柜在宝贝上架后都要对宝贝进行详细的分类，并对宝贝尽可能地进行细致的描述，使自己的宝贝能让买家尽快找到，所以需要将大量的时间和精力花在编辑宝贝详情方面。供销则避免了这方面的问题，一般供应商都有专业的团队来处理宝贝图片的拍摄、后期修改和商品描述等，分销商只需要将宝贝下载后在自己的仓库管理中选择对应的宝贝并上架即可销售了。

（5）省去了宝贝的发货设置及发货管理。由于供销宝贝的发货设置是上级设置成自动状态的，所以分销商上架宝贝的发货管理都是由上级直接控制和管理。

（6）不用囤积货源，新开店无须担心资金压力及风险。卖家可别小看了货源方面，宝贝少了品种不全，多了又担心资金投入太多，一时难以周转，而且刚刚开店很难准确判断哪些产品畅销。参加网络供销不用担心商品质量差的问题，不用担心交易风险。

（7）不会再为单一发件所导致快递费用过高的问题而烦恼。在淘宝开店的人都知道，每天订单量多自然有资本和快递公司洽谈运费，为自己争取到最大限度的优惠。一般新手开店，刚开始生意肯定不会那么火爆，每天一两单的情况快递公司肯定不会让利太多。参加网络供销的供应商一般销售量都很大，能节省大量的快递费。

（8）分销卖家只需要做好服务、店铺的特色化和推广就行了。

【技能训练】

活动：供销管理平台。

活动目的：了解加入供销平台的规则以及注意事项。

活动器材：联网的计算机。

活动内容：登录天猫供销平台，了解加入供销平台的条件、规则和注意事项。

10.2 供销管理平台

通过淘宝供销平台发展网络供销渠道，一方面，供应商能从淘宝几百万卖家中快速找到优质分销商，发展零售终端，实现网络销售渠道的快速搭建、管理及运作；另一方面，分销商利用淘宝供销平台，能更便捷地寻找供应商并由此获得货源。图10-4为淘宝供销流程。

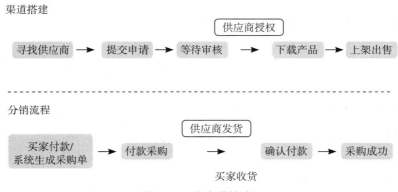

图10-4　淘宝供销流程

分销商以代销的方式向供应商采购货品，货物放在供应商的仓库里，所有权仍归供应商。在销售过程中，由分销商向买家发货，系统实时分账。销售商品只从供应商发给分销商的买家，分销商在该过程中看不见所售商品。网店代销的售后服务也由供应商行使。

网店代销对于分销商来说几乎是零成本创业，销售过程也比较简单，不用头痛进货采购等问题，没有囤货的风险。网店代销只需要将供应商提供的商品数据上传到自己的网店并上架销售即可。网店代销商品上架后，只需要保持和分销商的买家即时沟通就可以了，不用花很多时间和精力在这上面。图10-5为网店代销的过程。

图10-5　网店代销的过程

渠道销售中分销商往往事先采购厂家的一部分货源予以销售，货物的所有权转移为经销商所有。产生成交后，由分销商直接发货给买家，这样的销售性质称为经销。一般情况下，经销商和供应商只有买卖关系，没有其他关系。图10-6为经销过程。

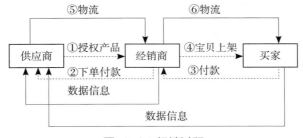

图10-6　经销过程

10.2.1 选择什么样的商品做网络分销

网上开店的核心和前提是商品，但不是什么商品都适合做分销。以下一些商品是适合网络供销渠道的。

1. 知名度较高的平民化商品

知名度高、平民化的商品市场空间足够大，新品牌或不知名品牌不是不能做网络供销，只是做起来非常艰难。

2. 标准化程度高的商品

标准化商品就是可以实现工业化量产的商品。因为标准化程度高，所以渠道客户不需要深刻地了解商品，这便极大地降低了销售门槛。这点非常重要，因为渠道客户无法接触所有实物，所以对产品的了解就只能通过商品的标准化信息来获取。

3. 有足够库存的商品

库存宽度是指商品款、色、码的种数。库存厚度是指某一款、色、码的件数。如果库存宽度太少，那就对商品能否热卖的要求相当高；如果库存厚度不够深，那么当出现爆款的时候，损失的潜在收入就大了。库存厚度要视品牌商的实力和规模，还有库存情况而定。

4. 单价不能太高也不能太低的商品

目前国内网民对单价过高的商品还心存疑虑，这是客观因素。如果单价太低，那么下游利润空间太小，分销商也不太会有动力去卖你的商品。

5. 绝对利润不是太低的商品

一般情况下，绝对利润很低的商品基本可以不用考虑供销，除非可以销售出千万级别的量来。

10.2.2 如何扩大网络分销队伍

如何成为最受欢迎的供应商，利用供销迅速扩大自己的品牌知名度和市场占有率呢?经过对大量分销商的了解，总结出以下经验。

1. 让出利润

只有让分销商赚到钱，他们才会卖力销售你的产品。如果分销商的利润很低，就不敢轻易去做促销和推广。

2. 货源稳定

分销的商品不能经常缺货断货。在淘宝上人气很重要，分销商好不容易打造出爆款，供应商那边却说没货了，这种打击对相当一部分分销商来说是致命的。

3. 描述跟实物要相符

产品图片的质量固然重要，但描述一定要足够真实，不然买家收货后发现实物和图片差别太大，最终还是找分销商的麻烦。随之而来的就是中差评和不良口碑，客户流失。大多数情况下，分销商看不到供应商的产品，只能通过描述来了解。

4. 做好产品管理

供应商的产品分类一定要清晰明确，做好商品编码，以便供销商查询。产品的类目和属性一定要正确、完整，这些是分销商无法修改的，一旦类目属性错误，分销商会失去很多淘宝搜索上免费优质的流量，甚至被判违规，以致遭受处罚。

5. 有诚意

有些供应商在产品描述里，到处是自己店铺的广告信息，让分销商给自己做广告，甚至会在宝贝描述里加入自己店铺的隐形链接；或者供应商在给买家发货时，把自己的店铺信息和联系方式给买家，下次购买时，可能直接就去找供应商了。卖家要注意不要犯这些错误。

6. 明确发货时间和提高发货速度

供应商应该明确发货时间，如果供应商没有按自己定好的时间准时发货，供应商应该对由此产生的问题主动承担责任。一般在24小时之内发货，越快越好。大多数买家都很看重发货速度，速度跟不上，网购的快捷就失去了意义。

7. 保证在线时间

供应商在线时间不稳定会直接导致买家询问的时候分销商不知道有没有货。加上有的供应商库存信息更新慢，有时候买家拍下了才知道没有货，这会直接影响店铺服务质量，导致客户流失。

8. 监督管理供销价格体系

很多供应商的供销之路毁于供销价格体系的混乱，造成内部供销商之间的自相残杀。

9. 敢于承担责任

供应商、分销商、买家之间出现矛盾是不可避免的。问题出现了，不要相互埋怨和推卸责任，而要及时沟通和积极解决问题，要把争议和纠纷最小化。力争做到让买家购物满意，让卖家轻松省心销售。供应商作为领头人，应该敢于主动承担责任。

【技能训练】

活动：做供销商品的条件要求。

活动目的：适合做供销商品的条件要求。

活动器材：联网的计算机。

活动内容：

（1）登录供销平台，浏览供应商网页。

（2）了解参加供销商品的条件。

（3）了解参加供销商品的特点。

（4）写一份关于适合参加供销商品的特点、条件的总结报告。

10.3 供应商如何入驻供销平台

淘宝（天猫）供销平台上的供应商数量已经达数十万家，分销商的数量更是达到几百万家。如此多的分销商也吸引了越来越多的供应商入驻，越来越多的品牌商也在加速进军淘宝供销平台。

10.3.1 入住条件

淘宝供销平台为企业的网络营销之路打开了另一扇门，它不仅让网络供销管理变得更为高效，而且为品牌快速搭建了网络供销渠道，从而帮助店铺更快更好地建立起自身的网络供销模式。

供应商入驻供销平台须至少同时具备以下条件：

（1）符合《天猫供销平台供应商入驻资质细则》的规定；

（2）至申请入驻时，会员无《淘宝规则》或《天猫规则》中规定的严重违规行为扣分及不当使用他人权利和恶意骚扰的扣分；

（3）签署《供销平台供应商入驻协议》；

（4）在绑定的支付宝账户中足额存入入驻保证金，申请经营多个类目的按最高值收取；

（5）供应商如发展天猫商家为该品牌的分销商，同时必须提交符合"天猫申请入驻行业资质标准"规定的相关资质，并在其绑定的支付宝账户中存入天猫分销保证金；供应商入驻保证金和天猫分销保证金累计最高不超过五万元。

10.3.2　成为供应商

如何入驻淘宝（天猫）供销平台成为供应商，具体操作步骤如下。

（1）打开供销平台首页，单击"我要入驻供销平台"按钮，如图10-7所示。

图10-7　天猫供销平台

（2）淘宝首页登录后，进入卖家中心，单击"货源中心"—"分销管理"链接，如图10-8所示。

图10-8　货源中心页面

在申请成为供应商的过程中可能会出现以下3种情况。

①"店铺未达到星级要求"，即店铺没有达到信誉要求，不能成为供应商。

②"已经入驻供销平台"，即公司已经入驻供销平台。

③顺利进入基本信息填写页面，已经符合成为供应商的基本条件，可以进入下一步操作，进行基本资料填写。

• 淘宝网络供销联系人资料：包括联系人、联系电话、E-mail、阿里旺旺ID。

• 主营类目：选择与自己要招募分销商的产品相符的类目。

• 主营品牌：请填写要招募分销商的产品的品牌，如有多个品牌，请以逗号隔开。

当完成基本资料填写并提交后，淘宝小二会进行审核，一般等待2~3个工作日，如果通过审核，会通过旺旺系统消息或者站内信通知申请人。

10.3.3 写好有吸引力的招募书

一份优秀的招募书必须有公司名称、品牌、自身优势、供应商申请条件、供应商激励政策、折扣措施、支持政策、售后服务、产品优势、联系方式。当这些条件都具备了后再进行招募书的美化工作，色彩不可偏杂，尽量选择同一种色系，排版规整，字体统一、内容上有意识地突出重点，适当插入图片，让整个招募书图文并茂，使客户有看下去的意愿。图10-9即分销招募书。

图10-9　招募书

【技能训练】

活动：供应商如何入住供销平台。

活动目的：了解供应商入住供销平台的流程。

活动器材：联网的计算机。

活动内容：

（1）登录供销平台，了解供应商入住供销平台的条件。

（2）浏览网页，查看招募书。

（3）要求每位学生写一份有吸引力的招募书，教师点评。

10.4　寻找供应商

对于初次接触淘宝网的新手卖家来说，选择做分销商无疑是最明智的选择，以最小的投资换取宝贵的网店经营经验。作为分销商，很有必要了解怎样选择适合自己的供应商。

10.4.1　选择供应商需要考虑的因素

1. 行业类目

作为淘宝店主，应有自己所擅长的主营行业，选择自己熟知行业的供应商是促进自身成长及提高店铺交易量的必备条件。

2. 优质供应商销量及分销商数量

优质供应商的产品是比较具有竞争力的，销量和进货的人数通常也不会少，所以先按照销量降序排列，看看排名靠前的产品的销量和进货人数怎样。平台会显示最近30天产品的分销销量，进货人数是一直累积的，接下来对产品销量进行验证。在淘宝平台上搜索品牌名看看淘宝上分销商店铺有多少，销量大的分销商店铺销售情况如何，大致统计下相关产品的实际销量能否匹配这个数量。此外，供应商的产品数量不能太多，产品线太长，备货压力会非常大，库存保障很难实现。

3. 产品种类

在供销平台上会看到很多不同产品的供应商，有专注某一个产品方向的供应商，也有产品较为全面的供应商。选择产品种类多的供应商，这样可选择的余地大很多，客户的选择多了，成交的概率也就大。根据自己的发展需要，挑选与店内所售产品最匹配的代销产品。

但有一点必须注意，不要选很多不同类别的商品，这样店里什么都有，像个杂货店，选同类的商品，做专业化店铺比较适合新手卖家。

4. 利润空间

当然，利润空间也是必须足够的。这点需要参考自己店铺日常运营费用，看供应商所提供的利润空间是否足以支付自己的运营费用并有盈余。如果可以，那就加以关注并详细了解该供应商的招募书。

5. 产品质量

保证产品质量，保障买家权益，是分销商和供应商合作的前提。分销商务必就产品质量问题与供应商深度交流，避免后续出现纠纷。

分销商可以向供应商先订购一件商品，这样就可以看到实物了。将实物和网上的商品照片对比，如果质量、款式等都很吻合，那么，这家供应商就是比较"安全"的，可以放心为其做代销。

6. 产品库存

产品的库存一定要充足且更新及时。对于分销商来说，把产品的人气做起来不容易，销量刚刚有起色但供应商缺货又无法补货时，无疑是件痛苦的事情。或者分销商好不容易接到单，到了供应商那里却因为库存更新不及时，已经缺货却得不到通知，同样无奈。所以在选择供应商的时候，一定要考察其实力是否足够雄厚以及库存更新是否及时。

7. 商品描述

有人说过，网络市场上能否成功销售在于商品描述的好与坏。当买家看不到实物的时候，商品描述对销量的作用将发挥得淋漓尽致。供应商提供部分完整详细且富有细节图之后，分销商后期自身的描述修饰也非常有必要。

在平台下载完毕代理的产品，有时间的话最好自己给宝贝修改名字，可以在淘宝搜索看看最近同类型的哪些产品比较热卖，哪些关键词是买家在购物搜索时常常搜到的。给自己的宝贝加一个特别的名字，可以避免和其他分销商的产品同名，再加上买家热门搜索关键词，可以大幅度地提高宝贝被搜索到的概率。

8. 招募书

看供应商的招募书写得是否翔实。一般连招募书都没写的，或者写得非常简单的，这样的供应商基本上对分销不会太重视，或者根本就没时间去管理分销。此类供应商要谨慎选择。

9. 相关服务标记

看供应商是否开启品牌授权、客户保障、7天无理由退换货、正品保障、质检等服务标记，开通得越多，相对越有保障。

10. 服务质量

供应商的服务质量在供销平台上都有展示，也是一个重要的参考依据。如是否具有完善的分销商管理制度、供应商的活动支持力度如何、是否有奖罚制度，是否配合提供装修素材等，这些日常管理制度是否在招募书中都有所体现。

11. 运费优势

确保供应商的运费低于市场平均费用，为销售的畅通铺平道路。有些供应商的邮费比其他卖家的邮费要高，这样的不要选。

12. 淘宝有店铺

在淘宝有店铺的卖家在线时间长，好沟通。有些大卖家经验很丰富，可以给自己不少的帮助。相对地，这些大卖家每天都很忙，不能经常指望人家去教自己怎么做，还得靠自己主动去学去做。

13. 分销条款

需要仔细了解供应商的分销条款，看是否适合自己。选择好并提交代销申请以后，一定主动联系供应商留下的客服旺旺，可以通过简单的聊天加深对方对自己的印象。因为申请的人很多，光看旺旺名称和简单的资料介绍，一不小心就被排除在审核名单之外。另外，如果对方的客服态度冷淡，对于自己的招呼和咨询爱理不理，还是早点放弃该供应商为好。

10.4.2　寻找供应商

怎样找到供应商，具体操作步骤如下。

（1）通过搜索查找，在供销平台首页的右上角，可以选择供销产品和供应商，如图10-10所示。

图10-10　通过搜索查找

（2）也可以通过首页左侧的商品分类，快速找到需要代销的商品类目，如图10-11所示。

图10-11　商品类目查询

（3）通过上面的搜索和分类引导，可以快速看到符合要求的商品列表。可以单击商品后面的"申请合作"链接，也可以单击"招募书"链接，如图10-12所示。

图10-12　商品列表

（4）直接进入申请加盟和协议勾选页面，填写所需信息，图10-13为申请加盟所需填写的内容，单击"提交申请"按钮，即可成功申请。

报名格式如下：
供应商ID：xxx供应商
供应商公司名：xxxx有限公司
是否品牌授权：是/否
近30天的日均分销售笔数：xx笔
报名类目：服装服饰/运动户外/美容彩妆/母婴天地/家装家纺/优选家电/PC数码/手机精品（选一个）
报名版块：大图活动区/热招品牌区/热销商品区（选一个）
图片（尺寸见上图描述）：请在这里上传图片
图片地址：xxxxx（图片地址）
品牌名：如博洋家纺
产品名称（16字以内）：
采购价：xx元
月销量：xxx
产品链接：如http://goods.gongxiao.tmall.com/product/product_detail.htm?
spm=a1z0g.20.1000485.11.38rmRj&productId=348836612376&supplierId=432376
招募书地址：如http://gongxiao.tmall.com/user/recruit.htm?spm=a1z0g.3.0.0.kndw6f&supplierId=432376
品牌市场地址：如http://gongxiao.tmall.com/brand/brand_supplier.htm?spm=0.0.0.0.Rt9ul9&brandId=80889

图10-13 申请加盟所需填写信息

【技能训练】

活动： 分销商寻找供应商。

活动目的： 分销商如何寻找供应商。

活动器材： 联网的计算机。

活动内容：

（1）登录供销平台，查看分销商品。

（2）训练寻找供应商的操作步骤。

10.5 寻找分销商

近年来，随着电子商务的高速发展，网络分销被广泛看好。对于传统品牌厂商来说，渠道控制能力和品牌管理能力十分重要。他们希望能够实现网络有序的分销模式，在同行业内率先树立网络营销的标杆。一般情况下，在筛选分销商的时候需要综合参考以下几方面的信息。

（1）分销商店铺的所属类目：查看店内商品或品牌的主要方向。考察分销商与供应商的匹配程度是双方深入合作的前提。

（2）要确立规范的代理运作体系：如果没有一个正式的代理制度，不仅会增加供应商的工作量，也容易出现纠纷，从而影响双方的合作诚意。

（3）要规范市场价格：分销商大量涌入后，如果不规范价格，势必导致原有的价格体系变得混乱，因为他们没有风险，很可能为了赚取信用就以低价销售，这样会使品牌贬值，不利于品牌的健康发展。

（4）分销商成交量：通过信用评价来判断分销商每周、每月的成交量，可以看出卖家经营淘宝店铺的经验和能力。虽不准确，但可作为大致的参考标准。对于部分经营时间不长、信用等级稍差但拥有很大潜力的店铺，此项是较佳的考察信息。图10-14为分销商的成交量。

	最近1周	最近1个月	最近6个月	6个月前	总计
好评	0	0	0	2	2
中评	0	0	0	0	0
差评	0	0	0	0	0
总计	0	0	0	2	2

卖家累积信用：2　　好评率：100.00%

图10-14　分销商的成交量

（5）在线时间：卖家一天中旺旺在线时段及在线时间的长短、开通多少个子旺旺反映淘宝经营环境的方便性和卖家对店铺的重视程度。

（6）分销商店铺的信用等级：信用等级的高低代表分销商的经营能力以及对网络销售的了解程度，如果累积信用中包含实物与虚拟信用，实物交易的信用比例要占全部信用的70%，且还要了解卖家是否有炒作。

（7）不能盲目地发展分销：一是要审核他们的资质，看是否符合要求。审核资质不仅看店铺的信誉，也要看他们的销售管理能力。二是要与他们进行一定的沟通，了解分销商品质等，因为他们一旦代销了自己的产品，即代表了商品品牌。

（8）收藏流量：卖家店铺流量越高则商品曝光力度越高，收藏越多，黏度越高。

（9）买家评价：买家对分销商的评价。客户对卖家的服务评价内容、服务态度的好评率要求达到98%。好评率对成交业绩非常重要，同时也会影响到店铺和品牌形象，也反映了卖家的用心程度。

（10）装修风格：店铺的装修风格从侧面反映了卖家对淘宝的操作能力及重视程度。

（11）销售技巧：店铺是否参加了满就送、限时折扣、推广技巧、直通车、淘宝客，在淘宝社区中发帖的数量和频率等促销手段，这些促销手段反映了卖家的销售技巧。

（12）注册时间：这并不是决定性的因素，但结合等级、好评率，就可以大致判断出掌柜能力和用心程度。

（13）行业知识：通过分销商之前对此行业的销售经验积累，考察分销商对行业的熟悉程度和对业内主流产品的了解程度，方便双方的交流与沟通。

【开店小窍门】　　　　　　　设置分销的产品线

供应商加入分销平台后，还要进行产品线分配设置。产品线的主要作用有以下两点。

（1）管理分销商的可销售产品。将产品按照产品线分组后，可将不同的产品线授权给不同的分销商去销售。每个分销商可被授权多条产品线，一件产品只可放在一条产品线下。

（2）根据产品线设定该产品线默认的分销商、采购价格及分销商允许进行销售的零售价范围。

【案例】　　　　　　小二开店经验分享——小心网络分销骗局

在现实中能与供应商面对面交易是比较安全的。而在网上如果想做代销或代理就要慎重考虑，避免一些骗局。

（1）不能随便相信任何QQ或是旺旺上给你发来的代销代理的消息，就算是免费代销的也要多加小心，因为这里多数暗藏陷阱。

（2）如果是代发货，但不支持在线且不按正规流程交易的，不要做他们的代销。

（3）对于自己不熟悉的产品，在没有详细了解之前不要轻言代销，以免发生纠纷让自己陷入尴尬境地。

（4）过于低价的名牌一定不要做他们的代销，因为很多都是假货或次品。

（5）如果你想做代销，一定要看好他们是否有售后服务，以免上当。

（6）代销前要知道详细的实物质地、颜色、性能等重要信息。

（7）不要接受来路不明的虚拟商品类的代销。例如Q币充值、QQ秀、QQ会员服务。因为这些多数都是偷来的，一点安全保证都没有。

【技能训练】

活动：淘宝供销平台。

活动目的：淘宝商家加入供销平台。

活动器材：联网的计算机。

活动内容：进入淘宝供销页面，淘宝商家加入供销平台，管理分销商品信息。

巩固 与 **提高**

一、单选题

1. 线下货源的缺点有（　　　）。

    A．实地感受   B．快速方便

    C．种类有局限性   D．价格低廉

2. 线上货源的优点有（　　　）。

    A．种类繁多   B．快速方便

    C．库存压力大   D．诚信风险大

3. 现有分销模式中不属于线下货源的有（　　　）。

    A．自产自销   B．分销平台

    C．生产厂家   D．批发市场

4. 现有分销模式中线上货源有（　　　）。

    A．ERP平台   B．批发网站

    C．阿里巴巴   D．天猫分销平台

5. 新手卖家拿货法则包含（　　　）。

    A．产品质量需把控   B．产品成本最优化

    C．货源风险最小化   D．以上说法都对

6. 根据产品囤货处理法则，新开店铺，遇到货物囤积，应该（　　　）。

    A．新手卖家前期少囤货或者不囤货   B．招分销商帮忙卖货

    C．低价报名活动，快速回笼资金   D．以上都对

7. 供应商入驻供销平台的条件有（　　　）。

    A．在天猫开店的用户

    B．淘宝店铺两心卖家并且通过企业支付宝实名认证

    C．加入客户保障计划的卖家

    D．参加直通车的店铺

8. 下面关于退货程序的描述错误的是（　　　）。

    A．买家如需退货，必须在收到货后在支付宝规定的时间内提出申请

    B．逾期申请退货且卖家拒绝接受退货，则支付宝会将争议货款支付给买家

    C．整个退货流程与正常的交易流程相反

    D．买家不可以要求卖家先退款再退货

9．下列（　　）商家资质不可入驻商城。

    A．个体商户　　　　　　　　　　B．品牌商或厂商

    C．代理商　　　　　　　　　　　D．批发商

10．淘宝提供给卖家具有比较有特色功能的展示/推荐宝贝的位置之一是（　　）。

    A．店铺推荐　　　　　　　　　　B．橱窗推荐

    C．阿里旺旺推荐　　　　　　　　D．商盟推荐

二、简答题

1．淘宝供销平台对供应商的好处有哪些？

2．淘宝供销平台对分销商的好处有哪些？

3．选择什么样的商品做网络分销比较合适？

4．如何扩大网络分销队伍？

5．供应商入驻淘宝供销平台的条件有什么？

第11章
综合项目考核

11.1 综合项目考核介绍

11.1.1 综合项目考核的地位、作用

综合项目考核是对学生掌握"网店运营与推广"这门课的综合评估。包括店铺设置、店铺管理、店铺推广三个部分。综合项目考核是课程实践性环节之一，是教学过程中必不可少的重要内容。目的是在课程学习的基础上，通过在淘宝网开设和经营网店，使学生加深理解、验证、巩固课堂内容，能够综合运用所学知识，进行网上销售和店铺管理。

11.1.2 综合项目考核要求

综合项目考核不同于理论课程，充分体现教师指导下的"以学生为认知主体"的教学模式，充分调动学生的积极性和能动性，重视学生自学能力的培养。综合项目考核的每个任务在内容设计上都与课堂教学紧密配合，在课堂上已详细讲解的内容，项目任务中就不再重点叙述，仅对训练内容进行说明。

综合项目考核以若干个实践任务为例进行说明，重点要求同学们掌握网店运营与推广的能力和技巧。

11.1.3 评分标准及学时安排

1. 评价方式

过程评价和结果评价相结合。

2. 评价内容及标准

学生的最后成绩按百分制计，由三部分构成。

1）过程考核成绩（占50%）

过程考核成绩包括三方面的内容。

（1）实训过程中各种活动的参与程度。

（2）每一个实训模块的实际操作水平。

（3）每一个实训模块的结果积分。

2）实训结果考核成绩（占40%）

要求学生在实训结束后提交"实训报告"。报告内容可围绕以下几方面，也可以独辟蹊径。

（1）实训基地名称及业务或岗位要求。

（2）实训项目名称与实训的具体内容。

（3）实训起止时间（按不同实训岗位分段填写）。

（4）收获与体会。

评定要点如下。

（1）结合岗位或业务要求与所学的理论知识。

（2）分析与说明的合理性。

（3）表述的完整性。

3）突出表现成绩（占10%）

（1）对促进整个小组完成实训任务做出突出贡献的。

（2）提出创新思路或做法的。

（3）承担实训项目特殊工作的。

3. 学时安排

讲授8学时，学生训练两周。

11.2 项目考核内容

11.2.1 店铺设置

任务一 店铺名称设置

1. 实训目的

为自己的店铺取一个名字。

2. 实训要求

可以从主营产品、消费特征、创意等方面考虑店名，店铺起名应该遵守简短易懂、朗朗上口、避免雷同、避免生僻字、尽量告知主营商品、具有消费特征的原则。

3. 实训准备

（1）上网搜索网店起名的方法和技巧。

（2）登录淘宝网，浏览服装、食品、工艺品等信誉度比较高的店铺的名字特色。

4. 实训任务实施

进入"卖家中心"下的店铺管理模块，单击"店铺基本设置"即可打开店铺设置窗口，将店名填写进去，如图11-1所示。

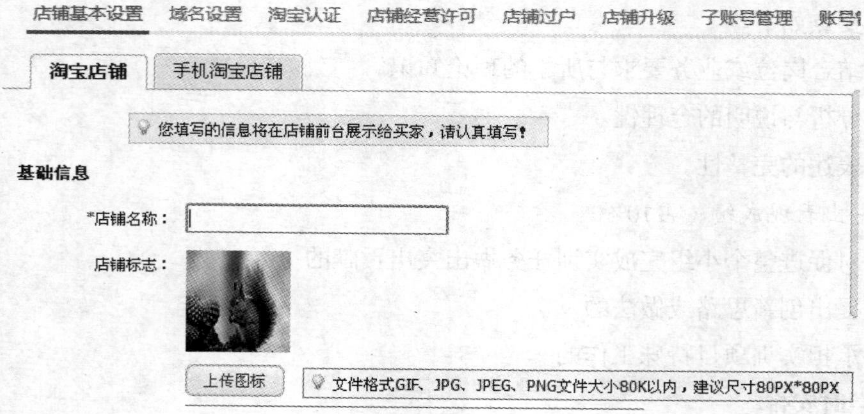

图11-1 店铺基本设置

任务二 撰写店铺介绍

1. 实训目的

为自己的店铺撰写介绍。

2. 实训要求

店铺介绍可以包含问候语、主营产品、促销广告等。

3. 实训准备

上网搜索店铺介绍的作用、要求、方法和技巧。

4. 实训任务实施

进入"卖家中心"下的店铺管理模块，单击"店铺基本设置"即可打开店铺设置窗口，将店铺介绍填写进去，如图11-2所示。

图11-2　店铺介绍

任务三　店铺基本设置

1. 实训目的

设置自己店铺的基本信息。

2. 实训要求

店铺基本信息包括店铺名称、店铺标志、店铺简介、经营地址、主要货源和店铺介绍。

3. 实训准备

（1）了解店铺基本设置的作用、包含的内容。

（2）学会制作店招和条幅。

4. 实训任务实施

进入卖家中心，单击"店铺基本设置"，按要求填写各项内容，如图11-3所示。

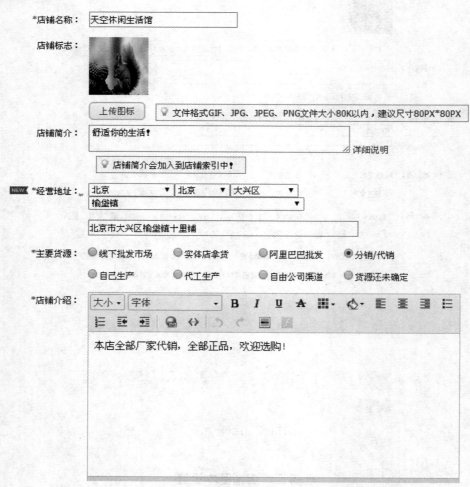

图11-3　店铺基本信息

11.2.2　店铺管理

任务一　发布商品

1. 实训目的

学习商品的发布流程；掌握商品的标题撰写和商品的描述。

2. 实训要求

学会分析商品的属性和卖点，并利用图文的方式展示商品。

3. 实训准备

（1）登录淘宝网，浏览同种商品不同店铺的商品标题。

（2）浏览同种商品不同店铺的商品描述。

（3）进入卖家中心，了解商品发布的流程。

4. 实训任务实施

（1）进入"卖家中心"下选择"宝贝管理"，进入"发布宝贝"，到达类目选择页面。如图11-4所示。

图11-4　类目选择页面

（2）单击"我已阅读以下规则，现在发布宝贝"，进入发布宝贝页面，如图11-5所示。

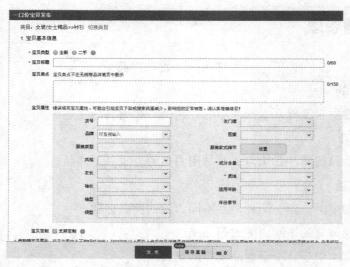

图11-5 宝贝发布页面

（3）按要求填写完毕，单击"发布"，宝贝发布成功。

任务二 批量发布商品

1. 实训目的

学会利用淘宝助理批量导入商品。

2. 实训要求

利用淘宝助理导入商品是在有淘宝数据包的情况下进行的。

3. 实训准备

（1）下载淘宝助理并安装。

（2）准备好淘宝数据包。

4. 实训任务实施

（1）准备好淘宝数据包（这里以导入6双"TOMS帆布鞋"为例）。

（2）打开淘宝助理，具体操作步骤见5.2节。

任务三 上下架产品信息

1. 实训目的

确保商品列表中无下架商品。

2. 实训要求

及时处理商品列表中下架的商品。

3. 实训准备

了解产品下架的可能情况，第一种是店家主动下架，第二种是无库存下架，第三种就是淘宝排查下架，可能是你的关键词或宝贝的标题用了一些侵权词或是敏感词，重新编辑关键词或标题后再上架。

4. 实训任务实施

（1）上架：进入卖家中心，单击"仓库中的宝贝"，可以对任意宝贝进行"上架"，如图11-6所示。

图11-6　仓库中的宝贝

（2）下架：进入卖家中心，单击"销售中的宝贝"，选中要下架的宝贝，单击"下架"即可，如图11-7所示。

图11-7　销售中宝贝

任务四　宝贝分类管理

1. 实训目的

学习对店铺中的宝贝进行分类管理。

2. 实训要求

要求学会准确对商品进行手工分类。

3. 实训准备

登录淘宝网，浏览同行网店，观察其商品是如何进行分类的。

4. 实训任务实施

（1）进入卖家中心的宝贝分类管理页面，添加手工分类。

（2）在宝贝分类管理页面，添加自动分类。

（3）在宝贝分类管理页面，对现有宝贝进行分类修改或删除。

任务五　评价管理

1. 实训目的

掌握评价操作，了解评价相关知识。

2. 实训要求

操作中评、差评、好评。

3. 实训准备

（1）了解淘宝对评价的计分规则。

（2）了解评价对一个店铺的作用及重要性。

（3）登录淘宝网，浏览其他店铺尤其是同行店铺是如何进行评价管理的。

4. 实训任务实施

（1）进入卖家中心的交易管理，单击"评价管理"，进入评价管理页面，如图11-8所示。

图11-8　评价管理页面

（2）针对中评、差评、好评进行操作处理。

任务六　店铺订单管理

1. 实训目的

学习查找店铺订单及管理订单。

2. 实训要求

查找订单金额、订单数量、查看不同状态下的订单详情。

3. 实训准备

了解不同状态订单处理方法。

4. 实训任务实施

1）"待付款"订单

（1）"提醒付款"：提醒买家及时支付货款。

（2）"收到货款"：买家收到货后而且支付后，及时进行确认。

（3）"调整费用"：根据实际情况对商品总价和配送费用进行调整。

（4）"取消订单"：如出现买家退货、货物无法备齐或其他原因，可进行取消订单操作。

（5）"查看订单"：单击了解订单的详细情况。

2）"已提交"订单

对已经提交的订单进行管里，可进行"提醒付款""调整费用""取消订单""查看订单"这四个操作。

3）"待发货"订单

及时处理这些订单，让仓库尽快发货。

4）"已发货"订单

对已经发货的订单除了可以查看、取消外，还可以进行"查看物流"和"修改单号"操作。

5）"已完成"订单

查看已经完成销售的订单，可以了解某一段时间内的销售数量，销售金额等情况，可以对销售情况进行初步的分析。

6）"已取消"订单

单击"查看订单"可以看到订单被取消的时间和原因。

7）订单筛选

通过"订单号""下单时间""买家"可以对订单进行搜索。对"下单时间"进行设置可以了解在某一段时期内的销售情况，可以及时对销售进行指导和调整。

11.2.3 店铺推广

任务一 促销管理

1. 实训目的

掌握店内活动促销工具。

2. 实训要求

灵活使用满就送、限时打折、搭配套餐、优惠券工具。

3. 实训准备

（1）了解店内促销意义。

（2）了解店内促销的方式。

（3）了解不同促销方式的特点和技巧。

4. 实训任务实施

（1）购买淘宝网的营销工具，其中包括满就送、限时打折、搭配套餐和优惠券等促销手段。

（2）添加满就送、限时打折、搭配套餐及优惠券，参加促销活动。

任务二 淘宝直通车

1. 实训目的

掌握直通车的操作步骤以及如何开通直通车。

2. 实训要求

（1）直通车知识学习。

（2）商品直通车推广。

3. 实训准备

（1）登录淘宝网，了解什么是直通车。

（2）浏览不同位置的直通车。

4. 实训任务实施

（1）进入卖家中心的营销中心，单击"我要推广"，选择直通车中的"我要提升"，具体操作步骤见10.1节。

（2）设置关键词，可在淘宝首页搜索引擎中搜索相应的热门关键词。

（3）设置出价，可以选择统一出价。把所有的推广商品统一设置一个原始价格，等过段时间查看单击率和展示率，再来针对性调价格；也可以根据流量修改单价；或根据排名调整出价。我们要根据店铺的流量、成交量和转化率等，计算出流量价值。

任务三　钻石展位

1. 实训目的

添加广告创意和广告计划。

2. 实训要求

掌握钻石展位的报名方法。

3. 实训准备

（1）了解什么是钻石展位。

（2）了解钻石展位的位置。

4. 实训任务实施

（1）进入卖家中心的营销中心，单击"我要推广"，选择钻石展位的"立即登顶"，具体操作步骤见10.2节。

（2）增加广告创意。

（3）增加广告计划。广告创意成功之后，接下来是新增广告计划。

任务四　淘宝客

1. 实训目的

掌握淘宝客推广的技巧。

2. 实训要求

掌握淘宝客对店铺推广的影响。

3. 实训准备

（1）了解什么是淘宝客。

（2）了解加入淘宝客的条件。

4. 实训任务实施

（1）登录淘宝网，阅读淘宝客的规则。

（2）网上查找淘宝客方面的资料，了解淘宝客进行店铺推广的技巧。

附录A 模拟试卷

模拟试卷（一）

班级_____学号_____姓名_____成绩_____

一、单项选择题（共15小题，每小题1分，共15分）

1．商品的（　　）信息，主要包括产品的名称、规格、型号、单价、功能、使用方法、注意问题等产品相关的全方位的文本信息。

    A．文字信息　　　　　　　　　　B．图片信息

    C．其他信息　　　　　　　　　　D．电子信息

2．某卖家设置了5元的店铺红包，店内A商品为30元，B商品为10元，当客户同一笔订单同时购买A和B商品，运费合计5元，用户有2张该店铺的5元店铺红包，那么客户实际支付（　　）。

    A．35元　　　　　B．40元　　　　　C．30元　　　　　D．45元

3．添加图片可以（　　），也可以单击文本框上方的图片插入工具进行图片插入。

    A．直接添加图片代码到文本框中

    B．直接将图片复制粘贴在文本框中

    C．直接截图到文本框中

    D．直接将图片拖入文本框中

4．要想获知来店客户感兴趣的宝贝，可以通过（　　）得到。

    A．查看旺旺对话框中客户当前浏览的宝贝

    B．查找客户的访问轨迹

    C．对客户访问轨迹进行跟踪，查看其浏览宝贝的频次

    D．以上答案皆正确

5．淘宝客和直接车最大的区别是（　　）。

    A．都是淘宝平台的一种推广模式

    B．前者是按成交计费，后者按单击付费

C. 能让卖家更好地获取流量取得订单

D. 能针对性地定向推送到指定的目标用户

6. 直通车商品标题字数是（　　　）以内。

A. 15个　　　　　　B. 10个　　　　　　C. 20个　　　　　　D. 25个

7. 店内的宝贝数量要满足（　　　）以上才可以上直通车。

A. 10件　　　　　　B. 15件　　　　　　C. 20件　　　　　　D. 30件

8. 淘宝直通车的计费方式是（　　　）。

A. 按展示付费（CPM）　　　　　　B. 按单击付费（CPC）

C. 按成交额付费（CPS）　　　　　　D. 淘宝小二说了算

9. 小王开了一个女装店铺，由于经常有客户需要补邮费的差价，他发布了一个"邮费补差价，补几元拍几个"的产品，根据淘宝网规则，他应该将这个产品发到（　　　）类目下。

A. 服装箱包-女装/女士精品　　　　　　B. 生活服务-本地化生活服务

C. 生活服务-网络服务　　　　　　D. 其他-其他

10. 以下不是导致宝贝上架失败原因的是（　　　）。

A. 宝贝图片存在盗链　　　　　　B. 宝贝属性没填

C. 宝贝品牌没填　　　　　　D. 与其他宝贝上架时间重复

11. 网络客户服务最大的优势在于（　　　）。

A. 价格非常低廉，效果更佳

B. 能够轻松打败竞争对手

C. 能够与客户建立起持久的一对一服务关系

D. 信息传递的及时性

12. （　　　）只能通过客户关系管理工具来进行。

A. 电话回访　　　　　　B. 短信营销

C. EDM营销　　　　　　D. SNS营销

13. 在商品标题中"数码相机"和"大码服装"都属于（　　　）关键词。

A. 品牌　　　　　　B. 属性　　　　　　C. 促销　　　　　　D. 评价

14. 经常更新文章吸引读者，培养粉丝，扩大潜在客户群体，这说的是（　　　）推广方式。

A. 友情链接　　　　　　B. 博客

C. 淘客　　　　　　D. 网络广告

15. 买家申请退货，卖家超过（　　　）天未处理，退款协议将生效，交易进入退货流程。

    A. 5   B. 10   C. 15   D. 20

二、多选题（共5小题，每题2分，共10分）

1. 以下软件能够查询快递物流讯息的是（　　　　）。

    A. 亲淘   B. 阿里旺旺

    C. 千牛   D. 支付宝

2. 以下说法正确的有（　　　　）。

    A. 销售额=流量×转化率×平均客单价

    B. 转化率越高的产品，直通车质量得分越高，然后单击越省钱

    C. 关键词的优化选取是为了给宝贝提供一个优先的排名展示机会

    D. 钻石展位是在淘宝通过用图片的方式以展现付费获取流量，俗称"小硬广"，钻展的最大用途是集中在推广品牌和活动时使用

3. 以下关于宝贝详情页面的内容和作用的描述正确的有（　　　　）。

    A. 宝贝详情页包括官方区域、固定的模块、可自定义编辑的模块

    B. 宝贝详情页可以分为三部分：页面头部、页面及宝贝详情内容、页面尾部

    C. 买家可以在客服中心板块和卖家进行有效的沟通

    D. 自定义模块的位置虽然不可以自由调整，但是可以自由放置卖家想要放置的信息

4. 商品的规格区分方法有（　　　　）。

    A. 大小   B. 重量

    C. 容量   D. 长度

5. 通过下列（　　　　）方式商城用户可以给直通车进行充值。

    A. 设置关联账户   B. 三方协议

    C. 网银支付   D. 直接余额支付

三、判断题（共5小题，每题1分，共5分）

1. 在淘宝网上开设店铺，不一定要在淘宝网上注册。（　　　　）

2. 在淘宝网论坛上发帖或者站内短信必须遵守良好的社会公德和国家法律法规的规定。（　　　　）

3. 淘宝网的站内信是淘宝网开发的一种即时沟通工具。它集成了即时文字、语音、视频沟通以及交易提醒、快捷通道、最新商讯等功能，是网上交易必备的工具。（　　　　）

4. 在网上交易成功后，买家收到货物，卖家收到货款，交易就此结束。（　　　　）

5. 在淘宝的店铺装修中，无法加入背景音乐。（　　　　）

四、填空题（共5小题，每小题2分，共10分）

1．我们根据客户的消费需求和定位的区别，将关键词分为_____、_____、_____、_____。

2．支付宝是国内最大的独立_____，专门为中国电子商务提供"简单、安全、快速"的_____解决方案。

3．已知某淘宝店铺一天的访客数为10 000，客单价100元，店铺的销售额为20 000元，则该店铺的转化率为_____。

4．按照客户对待产品的态度，可将客户分为:_____、_____、_____。

5．通常的沟通方式包括_____、_____、_____三种。

五、简答题（共5小题，每小题5分，共25分）

1．网上开店的优势有哪些？

2．什么样的人适合开网店？

3．什么是淘宝客推广？

4．列出淘宝站内免费推广的几种方法。

5．写出网上开店的基本流程。

六、案例分析题（共25分）

"三只松鼠"是由安徽三只松鼠电子商务有限公司于2012年7月推出的互联网森林食品品牌，代表着天然、新鲜及非过度加工，主要销售坚果、干果和茶叶等产品。上线65天，其销售额在淘宝天猫坚果行业跃居第一名，在花茶行业跃居前十名。2013年"双十一"时，成立刚刚4个多月的"三只松鼠"当日实现销售额766万元，一举夺得坚果零食类目冠军宝座，并且成功在约定时间内发完10万笔订单。三只松鼠创始人章燎原认为，做互联网食品品牌有两个核心，一是必须让供应链更短，以保证产品的新鲜度；二是要高度重视提升客户体验。三只松鼠在全国范围内寻找产品的原产地，统一采取订单式合作，并支付预付款，同时，保证每一家厂商生产不超过两样产品，并在总部选址上尽量靠近主要产品的原产地。与一些食品连锁商家委托加工、专做贴牌的做法不同的是，三只松鼠在收购原材料之后，先委托当地企业生产加工成半成品，并增加对半成品的检验环节，然后，把合格的半成品送回三只松鼠位于芜湖高新区的10 000 m²的封装工厂中，或存于0~5℃的冷库，或保存在20℃恒温的全封闭车间。相对于传统销售，这样大大减少了货架期，使商品从生产出来到卖给客户的时间控制在一个月以内，实现了以销定产。

三只松鼠注重把服务意识融入产品当中。三只松鼠的产品被加工得易剥，并附送纸袋、夹子、垃圾袋、纸巾和微杂志等配件。产品使用双层包装，并在包装上突出可爱的三只松鼠的形象。此外，三只松鼠还注重数据分析，强调以数据化为基础来提升客户体验，用软件对客户的购买行为进行分析，主要包括：客户购买的客单价、二次购买频率、购买内容、购买打折商品的比例和购买次数等。通过客户购买行为分析，获得客户消费偏好，以此为依据对不同类型客户提供不同的服务，客户每次购买三只松鼠产品所收到的包裹都会不一样。

根据上述资料，回答下列问题。

1．"三只松鼠"的商业模式属于哪一类？（5分）

2．"三只松鼠"对其供应链的管理措施有哪些？（10分）

3．"三只松鼠"在加强客户体验方面采用了哪些措施？（10分）

模拟试卷（二）

班级_____学号_____姓名_____成绩_____

一、单项选择题（共15小题，每小题1分，共15分）

1. 宝贝三要素是指（　　　）。
    A．标题 图片 描述　　　　　　　　B．旺旺 支付宝 描述
    C．图片 支付宝 旺旺　　　　　　　D．标题 图片 支付宝

2. 淘宝的每一家店铺有（　　　）个友情链接位。
    A．10　　　　　B．35　　　　　C．8　　　　　D．不限

3. 网上开店最基本的硬件条件不包括（　　　）。
    A．电脑一台（可以上网）　　　　　B．手机一部
    C．数码相机一台　　　　　　　　　D．在当地工商部门注册

4. 淘宝网规定注册使用淘宝的用户须年满（　　　）岁。
    A．16　　　　　　　　　　　　　　B．18
    C．20　　　　　　　　　　　　　　D．无年龄限制

5. 商品分类要根据（　　　）来进行。
    A．卖家的心情好坏
    B．卖家自己的商业理念、经营策略来划分，一般没有什么规定
    C．别人的店铺怎么分，我的也怎么分
    D．不分类

6. 原创帖子必须是大于（　　　）个中文字长的帖子，否则将不会被打上原创的标记。
    A．50　　　　　B．100　　　　　C．150　　　　　D．200

7. 能够提供的文字交流、视频聊天、语音聊天，这是阿里旺旺中（　　　）功能。
    A．广交好友　　　　　　　　　　　B．买卖沟通
    C．文件传输　　　　　　　　　　　D．酷炫表情

8. 在使用阿里旺旺时，无须登录淘宝网，无须单击多个页面，只要直接搜索宝贝，就能进行网上购物了，这是因为阿里旺旺提供了（　　　）功能。

A. 文件传输　　　　　　　　　　　B. 快捷通道

C. 交易工具　　　　　　　　　　　D. 阿里旺旺群

9. 买家拿到货物后，感到不称心或者不合适，提出退货，商家应该（　　）。

A. 应该主动向买家及时了解情况，查清买家不满意的原因，争取在考虑双方利益的前提下，最大限度地满足顾家的要求

B. 无条件答应客户退货要求

C. 交易完成后，货款付清，不能退货

D. 在了解确实是商品原因，只允许换货，不允许退货

10. 以下不属于客户服务售后服务的是（　　）。

A. 客户跟踪服务　　　　　　　　　B. 产品使用培训

C. 产品使用说明　　　　　　　　　D. 产品或服务设计

11. 在确定具体物流方式时，将（　　）给第三方物流公司是跨国公司管理物流的通常做法。

A. 物流外包　　　　　　　　　　　B. 邮政系统

C. 物流半包　　　　　　　　　　　D. 配送业务

12. 增加店铺浏览率的好方法是（　　）。

A. 添加友情链接　　　　　　　　　B. 添加店铺商品橱窗推荐

C. 加入商盟　　　　　　　　　　　D. 加入淘宝论坛

13. 淘宝提供给卖家具有比较有特色功能的展示/推荐宝贝的位置之一是（　　）。

A. 店铺推荐　　　　　　　　　　　B. 橱窗推荐

C. 阿里旺旺推荐　　　　　　　　　D. 商盟推荐

14. 为了让卖家方便在淘宝推广自己的宝贝，淘宝为卖家量身定做的推广工具是（　　）。

A. 淘宝商盟　　　　　　　　　　　B. 淘宝论坛

C. 淘宝直通车　　　　　　　　　　D. 友情链接

15. 淘宝网在2013年为卖家推出的集店铺管理和即时聊天为一体的工具是（　　）。

A. 旺旺　　　　　B. 微淘　　　　　C. 旺信　　　　　D. 千牛

二、多选题（共5小题，每题2分，共10分）

1. 公告栏广告发布技巧包括（　　）。

A. 写一个好标题

B. 内容部分要简明扼要

C. 在相关的类别与地点发布广告

D．留下可靠、快捷的联系方式

2．关于淘宝运营中所需要的各类图片尺寸大小，下列说法正确的有（　　　）。

A．商品主图的尺寸：宽500像素×高500像素

B．商品图片的尺寸：宽500像素×高500像素，大小在120 KB以内，要求JPG或GIF格式，到发布宝贝页面上上传图片

C．店标图片的尺寸：宽100像素×高100像素，大小在80 KB以内，支持JPG或GIF格式，动态或静态的图片均可。上传步骤："管理我的店铺"—"基本设置"—"店标"—"浏览"—"确定"

D．宝贝描述图片的尺寸：没有特殊要求，可根据需要宽700像素×高700像素，大小在100 KB以内，这样图片的打开速度较快。要求JPG或GIF格式，静态或动态均可。将图片上传到电子相册，再复制到商品页面中去

3．利用淘宝助理上传图片错误的解决方式有（　　　）。

A．提示"引用Picture存在盗链"。解决办法：所有在售宝贝利用淘宝助理的图片搬家功能转移至淘宝图片空间内。如果是正在发布宝贝出现这种情况，就需手动添加图片到相册空间或者直接手动上传至第三方相册的空间

B．淘宝助理上的宝贝在店铺里搜不到。解决办法：上传宝贝成功后，请到"我的淘宝"—"销售中的宝贝"分组下查看宝贝，宝贝最终显示到店铺需要半个小时左右的同步时间

C．淘宝助理上传宝贝无法填写数量。解决办法：可能是该宝贝还有销售属性，单击销售属性面板（基本信息右边），填写数量即可

D．第一张宝贝图片消失。解决办法：可能是用户在users/image下面的文件太多，导致无法创建新的文件了，可以尝试在其他路径下安装淘宝助理

4．下列淘宝商品标题涉及违规的有（　　　）。

A．标题："裸珠打造*极致成色10-11*顶级淡水珍珠项链*可媲美高档AKOYA"

B．标题："正品 牛皮 包 时尚 保罗 鳄鱼 金利来 梦特娇 七匹狼包SJGQ19053"

C．标题："韩版 T恤 衬衫 连衣裙/满3件包邮.手钩花显瘦V领毛衣小外套/901"

D．标题："【7年实体经验 正品行货 联保发票】诺基亚 N78 另售港行 欧版"

5．以下关于直通车一个人单击多次扣费说法正确的有（　　　）。

A．严格按照单击扣费，单击几次扣费几次

B．同一IP在24小时内多次单击同一个广告位置，系统会自动排查，过滤掉恶意单击。虽然也不是100%会被排查到，不过卖家完全不用担心，淘宝的防恶意单击系统已经做得很完善

C. 24小时内同一IP多次单击只记一次，所以同一局域网多台电脑单击无效

D. UV也是基于cookies的，比如同一局域网内16台电脑同时访问一个宝贝，根据cookeis的原理，带来了16个UV，但单击IP却是只有一个

三、判断题（共5小题，每题1分，共5分）

1. 淘宝首页搜索与商品售出量有关。　　　　　　　　　　　　　　　　　（　　）

2. 在淘宝上无须缴纳客户保障金就可以开店铺销售女装。　　　　　　　　（　　）

3. 对盲从型的买家，应对技巧就是：我是您最诚实而热情的朋友。　　　　（　　）

4. 支付宝没有实名认证也可以开淘宝店成为淘宝卖家。　　　　　　　　　（　　）

5. 淘宝会员名注册成功后可以修改，选择你喜欢并能牢记的，推荐使用中文会员名。　　　　　　　　　　　　　　　　　　　　　　　　　　　　　　　　（　　）

四、填空题（共5小题，每小题2分，共10分）

1. 网络营销广告_____年发源于美国。

2. 淘宝用来保证每个商品都有机会展现的功能是_____。

3. 人气宝贝中，影响人气的主要因素有：交易量、_____、_____和_____。

4. 刚开的淘宝店铺，有_____个橱窗推荐位。

5. 申请天天特价活动，卖家信用必须为_____。

五、简答题（共5小题，每小题5分，共25分）

1. 影响宝贝权重的因素有哪些？

2. 简述网上商店的优势和缺陷。

3. 网上与客户沟通的原则是什么？

4. 在网上支付造成"支付被拒绝"的原因有哪些？

5. 增加网店销售量的方法有哪些？

六、案例分析题（共25分）

亚马逊（中国）是B2C（商家对客户）的电子商务网站，用户只要进行简单的注册就可以像在超级市场里一样买到你想要的东西了。亚马逊（中国）的商品分类主要为影视、图书、音乐、玩具、礼品、百货、IT、票务等。亚马逊还不断推出特价品，前不久为了打开武汉市场，还推出了送500万元现金的活动。

在用户最为关心的付款方式上，亚马逊提供了货到付款、邮局汇款、银行电汇等网下付款方式和招行一卡通、工行在线支付、首信易支付等网上支付方式。亚马逊提供送货上门的服务，所购商品100元以下的普通用户与VIP用户送货服务费均为5元；普通用户所购商品满200元时免运费，VIP用户所购商品满100元时免运费。

在办理电汇时用户需注意的是，在电汇单上的用途中注明您的订单号/用户名并保

证汇款人姓名和订单收货人姓名保持一致。货到付款的送货范围包括北京及华北主要城市、上海及华东主要城市、广东省各主要城市、武汉三镇等。用户在选择在线付款方式时，要首先开通所持卡的网上支付功能，然后按照卓越的付款提示，输入相关资料即可。在线支付未成功时，系统在订单提交成功后会给用户发一封确认信，如果出现信用卡、存折金额不足，意外断线等状况而导致支付的不成功，可以按"提交"键重新提交一次订单，或者改为非在线支付方式。

售后服务：在退换货问题上，亚马逊（中国）声明保证所销售的商品是通过正规进货渠道采购的正版商品，用户可享受与亲临商场选购商品时同样的质量保证。亚马逊所提供的退货服务为：在客户收到商品7天之内发现图书印装质量问题包括缺页、倒装、模糊不清、折页、开线、开胶等，VCD出现播放质量问题等将给予退货。在客户收到货物1个月之内发现上述情况，将给予换货。

阅读上面资料，回答下列相关问题。

1. 分析亚马逊（中国）的企业类型和网站种类（6分）。

2. 分析亚马逊（中国）的价格定位策略和收益模式（6分）。

3. 以亚马逊（中国）为例画出该类网站购物流程图（6分）。

4. 分析亚马逊（中国）营销的特点及优势（7分）。

参考文献

［1］葛存山．网店运营与推广．北京：人民邮电出版社，2015.

［2］吴清烈．网店运营与管理．北京：外语教学与研究出版社，2012.

［3］前沿文化．别说你懂网上开店：500招玩转网上开店．北京：科学出版社，2013.

［4］恒盛杰电商咨询．淘宝天猫网店运营秘笈．北京：机械工业出版社，2016.

［5］崔恒华．网店推广、装修、客服、运营一本通．北京：电子工业出版社，2014.

［6］凤凰高新教育．淘宝天猫店运营、推广、引流与转化从入门到精通．北京：北京大学出版社，2016.

［7］全国电子商务运营竞赛组委会，北京博导前程信息技术股份有限公司．网店运营实务．北京：中央广播电视大学出版社，2016.

［8］朱志辉，董丽雅．网店经营与管理．北京：化学工业出版社，2012.

［9］陈益材．网店包装有绝招．北京：机械工业出版社，2010.

［10］陈镇．网店赢家的100个秘诀．北京：中国发展出版社，2010.

［11］http://www.taobao.com/.

［12］http://www.iresearcher.cn/.

［13］http://www.199it.com/.

［14］http://baike.1688.com/.